기꺼이 파란만장하시라

한 그루의 나무가 모여 푸른 숲을 이루듯이
청림의 책들은 삶을 풍요롭게 합니다.

기꺼이
파란만장하시라

컬투 정찬우의 돌직구 인생법

|정찬우 지음|

청림출판

Prologue

그러니까 기꺼이 파란만장하시라!

"나는 떠들 수 있는 놈이지, 쓸 수 있는 놈은 아니라서요."

당신의 인생 이야기를 써 달라, 당신의 사업 이야기를 써 달라. 그동안 이런 출판 제안을 받았을 때마다 거절한 이유는 내가 책을 쓸 만한 소양을 가진 놈이 아니라는 생각이 들어서다. 나는 내 인생을 책에 담을 만큼 거창한 인물도 아니고 사업을 떠들 만큼 대단한 사업가도 아니다. 그래서 내가 책을 쓰는 거, 그건 과한 일이다 싶다. 그 생각은 여전히 변함없다.

그러나 혈기 왕성한 친구들의 고민에, 살기 팍팍한 직장인들의 고민에 내 생각을 보태달라는 제안을 받았을 땐 좀 떠들어볼 수도 있겠다, 떠들어도 괜찮겠다 싶었다. 이 나이쯤 되어보니 내게도 제법 쌓인 경험이, 생각이 있으니까. 그렇게 마음을 먹고 나니 그동안 방송에서, 공연장에서 시간관계상 뚝 잘려버린 내 생각들을 담아볼 수 있겠다는 기대도 들었다. 내 경험만큼만, 내 생각만큼만 떠들어보자 했다.

지난 몇 달, 책 작업을 진행하는 동안에는 방송 녹화보다 원고 인터뷰가 더 기다려졌다. 그만큼 내게 들뜬 일이었고 중요한 작업이었다. 그러나 뭔가를 더 거창하게 떠들려고 애쓰지 않았다. 일부러 그 자리에서 질문을 받았고, 그때그때 생각난 대로 떠들어댔다. 그게 꾸미지 않은 진짜 내 생각이니까. 나는 사람들이 무심코 내뱉는 말에 그 사람의 삶이 묻어나온다고 생각한다. 태어나면서부터 지금까지 내 안에 차곡차곡 쌓인 경험, 이 모든 경험들이 총체적으로 작용해서 식도 밖으로 툭 튀어 나오는 게 '말'이니까. 그러니까 이 책에 쏟아진 내 말은 이제까지 정찬우의 시간이겠고 생각이겠다.

"엄마, 사는 게 뭐예요?"

얼마 전, 애써왔던 일이 어처구니없이 꼬여버렸을 때 인생이 갑자기 허무 모드로 바뀌면서 문득 어머니 생각이 났었다. 그날, 어머니를 찾아가서 뜬금없이 물었더랬다. 평소엔 하지 않던, 그야말로 쌩뚱 맞은 질문을 드린 거다. 근데 그 말에 어머니가 이런 말씀을 주셨다.

"그건 사람마다 입장이 다 다르니 내가 말해줄 수가 없다."

그날 그 말이 가슴에 박혔다. 네가 지금 무슨 걱정을 하는지는 모르겠다만 그건 너랑 나랑 입장이 달라서 내가 말해줄 수가 없다는 말, 각자의 입장마다 다른 답이 있을 것이니 이것이 인생이다, 저것이 인생이다, 이렇게 저렇게 함부로 떠들 수 없다는 말, 그러니 결국은 각자 자신의 인생을 살아야 한다는 말, 각자 알아서 헤쳐나가야 한다는 말. 그날 어머니의 말씀은 옳다.

누군가의 문제에 내가 떠들었다. 보탬이 되었으면 하는 바람에 서였지만 내 말을 보고 어떤 사람은 욕을 할 수도 있겠다. 어떤 사람은 고개를 끄덕일 수도 있겠다. 내 말을 어떻게 받아들이느냐,

그건 각자의 입장에 따라 다를 것이다. 그건 각자의 몫이다. 떠들어댄 내가 어찌할 수 없는 거다. 근데 내 말을 보고 고개를 끄덕인 사람이라면 아마 그 사람은 나와 비슷한 사람일 거다. 그런 사람들이 이 책을 집어 들었을 때, 어느 한 구절이 가슴에 박힌다면, 그래서 잠시라도 뭔가 불끈하는 마음을 솟구치게 한다면 떠들어댄 보람이 있겠다. 지난 시절 선배들이 술잔에 담아주었던 말에 내가 다시 파이팅을 외쳐보기도 했던 것처럼 말이다.

"너에게도 시련은 올 거다."
몇 년 전 김성진이라는 청년이 나를 찾아왔다. 이제 겨우 스물 중반이 된 친구였는데 올바른 대학 나와서 훌륭한 상 받으며 대통령과 함께 인증샷까지 찍은 친구였다. 그 친구, 내가 방송 활동 외에 이런저런 사업을 벌인다는 걸 어떻게 알았는지, 나를 찾아와서는 사업에 대해 묻더라. 그러곤 그동안 자신이 해왔던 작업을 보여주며 한국의 애플, 그런 걸 만들겠다는 포부를 밝혔다. 그 친구 설명을 듣자니 이런 놈은 나라도 도와야겠다, 싶었다. 내가 아는 인맥을 총동원해 그 친구가 회사를 차릴 수 있도록 도왔다. 그 회사, 지금 별 탈 없이 잘 커 나가고 있다. 그 친구 나이가 이제 서른이니 그와의 인연이 벌써 5,6년은 된 것 같다. 근데 그렇게 잘 나가는 친구에게 내가 던진 말이 언젠가 너에게도 시련이 올 거다, 그러니 그걸 잘 극복하려는 마음을 갖고 살라, 그걸 잘 극복하면 너보다 더 괜찮은 너를 만나게 될 테니, 이거다.

어쩌다가 원고 인터뷰라는 걸 하다 보니, 어쩌다가 이런저런 강연엘 나가다 보니 꽉꽉 막힌 현실에 힘들다는 젊은 친구들을 많이 만난다. 근데 나는 그 친구들이 기꺼이 그 고생을 감당했으면 한다. 그게 자기 삶에 주어진 몫이니까.

나는 그렇게 생각한다. 한 나라의 대통령이든, 대기업의 사업가든, 평범한 가정의 가장이든, 거리의 노숙자든 간에 크기의 차이는 있겠지만 인생의 굴곡은 똑같이 준비되어 있는 거라고 말이다. 나는 어느 누군가가 삶을 그렇게 꾸며놓았을 거라고 믿는다. 우리가 보기엔 부럽기만 한 대기업 회장의 삶에도, 그저 한심해 보이기만 한 노숙자의 삶에도 분명 희노애락이 골고루 끼어 있을 거다. 그러니까 지금 아무리 잘 나가는 사람에게도 시련은 있을 거고, 반대로 꼬일 대로 꼬여버린 인생에도 해 뜰 날은 있을 거다.

돌이켜 보면 내 20대 꽤나 파란만장했다. 나에게는 종교와도 같았던 아버지가 느닷없이 교통사고를 당한 후 여섯 살 아이의 모습으로 깨어났고, 절친이 당하는 꼴을 참다못해 난생 처음 날려본 주먹이 명중하는 바람에 상대방이 쓰러졌고, 그 일의 여파로 막노동판을 전전하며 아버지의 병원비를 보태야 했고, 빡센 군대생활을 해야 했고, 그곳에서 아버지의 부고 소식을 들어야 했다. 뭐 이렇게 꼬일 대로 꼬인 인생도 있나, 그땐 그랬다. 근데 마흔의 어느 쯤에 와보니 알겠다. 그런 시간이 내 삶의 재료가, 웃음의 재료가 된다는 걸. 그런 실패와 시련이 정찬우보다 더 멋진 정찬우로 만든다는 걸 말이다.

어쩌면 이제 서른이 된 김성진에게 던진 말은 내가 아는 모든 스무 살들에게, 모든 서른 살들에게, 모든 후배들에게, 그리고 아직 창창한 내 인생에 최면처럼 거는 말일지도 모르겠다.

겪어 보니 시련은 나보다 더 괜찮은 나를 만드는 과정이더라. 지금 당신이 시련의 시간을 겪는 중이라면 그건 분명 당신보다 더 괜찮은 당신을 만들어가는 과정일 거다. 그러니까 당신, 기꺼이 파란만장하시라.

2013년 6월
정찬우

[편집자가 덧붙이는 말]
"나는 분명히 쓴 게 아니라 떠든 거예요."
"그 얘긴 저번에도 하셨고, 그 저번에도 하셨습니다만."
"책에 꼭 대필 작가 이름을 넣어주셔야 해요."
"그 얘기 역시 저번에도 하셨고, 그 저번에도 하셨습니다만."
이 책은 대한민국 청춘들과 직장인들의 다양한 고민들에 대한
컬투 정찬우 씨의 생각을 인터뷰를 통해 담은 책이다.
인터뷰는 여덟 차례, 두세 시간씩 진행했다.
인터뷰에는 정찬우 씨와 슬쩍 안면이 있기도 했던 김영주 작가와 편집자들이 참여했고,
그의 말을 여러 작가와 편집자가 엮어냈다.
그가 인터뷰 때마다 글의 출처를 밝혀달라고 '따갑게' 당부했던 대로 이곳에 알린다.

Contents

Chapter 3

【 당신 능력 사용설명서 자기 능력 계발하기 】
"근데 나는 싸이처럼 되고 싶지 않더라"

Chapter 4

【 우리가 한통속이 되려면 남들과 같이 사는 법 】
"호되게 일을 해봐야 사람 속을 알지"

【 그 여자 그 남자의 속사정 연애에 능통해지기 】

"차이고 차버리고 헤어져봐야 사랑을 안다"

Chapter 6

【 패밀리를 위한 응원가 가족 문제 풀어내기 】
"마인드로 뒤처지는 사람은 되지 마라, 아들!"

Chapter 1

맨주먹으로
일어서기

【 세상을 향한 도전 】

마술사가 점집에 가서 사주를 넣으면 뭐라고 나오는지 아는가? 사기꾼으로 나온다고 하더라.
사기꾼. 재밌지 않은가? 우리나라 대표 마술사 이은결도 점집에 가서 사주를 넣으면 꼭 사기꾼
으로 나온다고 하더라. 마술사의 운명이 사기꾼이라. 어쩌면 이것은 같은 운명이라도 그걸 어
떻게 받아들이느냐에 따라 운명이 달라질 수 있다는 뜻 아닐까?

가진 건
맨주먹뿐인데
어떻게 사업을
시작해야 할까요?

　전문대에 재학 중인 스물한 살의 건강한 남자입니다. 학벌이 좋은 것도 아니고, 집에 돈이 많은 것도 아닌지라 졸업을 앞두고 뭘 해야 할지 막막한데요. 그나마 성격이 활달하고 부지런한 편이라 작은 사업을 시작해볼까 구상 중입니다. 그런데 젊음만 믿고 시작하기엔 사업이란 게 정말 만만치가 않네요. 사업 아이템 선정부터 투자금 마련까지, 준비해야 할 것은 왜 이리 많고 무엇을 어떻게 시작해야 하는 건지. 맨주먹으로 자수성가한 사람들의 이야기를 들으면 밑바닥부터 시작해서 꼭대기로 올라갔다고들 하던데, 전 그 밑바닥이 어딘지조차 모르겠습니다. 다른 사람들은 처음 사업을 시작할 때 어디에서 아이디어를 얻을까요? 사업에 성공하기 위해 가장 필요한 건 뭐죠?

'리어카' 살 밑천을 마련하다 보면 사업의 시작이 보인다

당신, 내 눈엔 참으로 바람직해 보이는 청년이다. 사업을 고민하는 당신에게 내 첫 장사, 그 얘길 해야겠다. 그게 당신에게 답이 될지도 모르니.

나도 당신처럼 그랬다. 군대에서 나와 보니 세상은 어딘가 모르게 달라진 듯한데 거기서 나는 딱히 할 것이 없더라. 고등학교를 졸업하고 나서부터는 공장 알바를 하든 막노동을 하든 집에 손 안 벌리고 밥벌이는 알아서 해결했던 터였다. 더군다나 군대까지 다녀왔으니 이제 어엿한 성인인데 언제까지 알바 인생을 살 순 없는 노릇이었다. 어떻게든 내 일을 찾아봐야지 생각하면서 결심한 것은 딱 하나였다.

'절대로 직장인은 되지 말자!'

뭐 스펙이 후진 놈이니 마땅히 들어갈 거창하고 화려한 직장도 없었을 테지만, 누구 밑에서 억눌리며 사는 것은 싫었던 바, 훌륭한 직장에서 두 팔 벌려 환영해도 거절할 판이었다. 그러나 스펙 후지고, 밑천 없고, 게다가 성격도 예쁘지 않은 놈이 할 만한 일이라는 게 실로 많지 않더라. 길거리 장사라도 해보자. 이게 결론이었다.

제일 먼저 한 일은 1종 보통 면허를 따는 거였다. 면허라도 있어야 장사를 할 수 있을 테니. 그렇게 면허증을 따고 찾아간 곳이 동대문 시장. 거기에 친구이자 지금은 내 매제가 된 상엽이가 꽤 자리를 잡고 활기차게 여성 의류를 팔고 있었더랬다.

팔고 남은 옷 있냐. 대뜸 물어보는 내 말에 매제가 대답 대신 보여준 창고에는 족히 수천 장은 될 옷들이 쌓여 있었다. 이거다, 싶었던 나는 거침없이 부탁했다. 저것들 얼마짜리냐. 나한테 장당 천 원씩 넘겨라. 어차피 재고. 매제는 흔쾌히 옷을 넘기겠다고 했다. 그러나 문제는 그 돈마저 내게 없다는 거였다. 300장이면 30만 원. 까짓 거, 300장 못 팔겠냐. 지금은 아무것도 없으니 팔아서 갚으마. 그렇게 뻔뻔한 멘트를 날리고 300장을 들고 나왔다. 지난날 함께 이삿짐 알바를 하며 쌓았던 그 놈의 정이란 게 담보라면 담보였을 거다.

다음날부터 집에 있던 티코에 옷을 싣고 친구 재범이와 팔러 다녔다. 그 작디작은 티코도 뒷좌석을 젖히니 제법 공간이 생기더라고. 가릴 곳 없이 손님이 모이겠다 싶은 곳이면 무조건 좌판을 깔았다. 아파트 단지도 마다하지 않았다. 완장 찬 아저씨들이 오기 전까지 버틸 수 있는 만큼 버텨가며 "어머니~ 어머니~"를 연발, 아파트 아주머니들을 모았다. 알고 보니 내 얼굴, 의외로 아주머니들에게는 통하는 얼굴이더라.(이거 진짜다!)

그렇게 막 돌아다니다 보니 나중에는 어디가 명당자리인지 알겠더라. 여기 좌판 깔면 얼마 벌겠다 그런 감이 나오더라고. 구로구청 옆 독산동 남문시장에서의 장사가 꽤 괜찮았다. 20여 년 전 그때 하루 48만 원까지 매상을 올려봤다. 300장 옷값, 그걸 하루 만에 도 해결했던 거다.

제대 후 스물다섯 살 무렵 내 첫 장사는 이랬다. 그리고 그것은 내 첫 사업이기도 했다. 내가 지금 그나마 이런저런 사업을 꽤 크게 벌려볼 수 있는 것도 그때 그 시작이 있었기 때문일 거다.

당신, 사업은 어떻게 시작하냐고 물었다. 그게 뭐든 사업의, 장사의 연결고리를 찾아라. 이게 당신에게 가장 먼저 해주고픈 얘기다. 지금까지 말해주었던 바, 내 첫 사업은 동대문 의류 시장에 미리부터 자리 잡은 매제의 은혜로 시작되었다. 설마 내가 느닷없이 길거리에서 장사를 해보자 생각했을까.

만약 당신에게 그렇게 기댈만한 '매제'가 없다면 공장 알바를 하든 막노동을 하든 닥치는 대로 일하여 딱 몇 천이라도 모아라. 이게 당신에게 두 번째로 해주고픈 얘기다. 누가 봐도 깜짝 놀랄 비장의 아이템이 있다면 모를까 그게 아니라면 사업에 밑천이 필요한 건 지극히 당연한 얘기다. 이를 테면 당신이 수박장사를 한다 치자. 점포 없이 장사를 한다 치더라도 수박을 공중부양해서 팔 생각이 아닌 이상에야 수박을 담을 리어카를 살 돈은 있어야 하지 않겠나.

그런데 당신, 내가 당신에게 닥치는 대로 일하면서 밑천을 마련하라고 하는 이유는 단순히 '리어카' 살 돈을 모으라는 게 아니다. 스물한 살, 참으로 뜨겁고 용감한 나이인 당신에겐 경험도 밑천이고 그 경험이 사업으로 연결될 수 있기 때문이다. 지금은 내 말을 실감하기 어렵겠다만, 당신이 사업 마인드로 '리어카'를 마련하기 위해 열심히 일을 하다 보면, 신기하게도 그 일을 통해 아이디어가 생기고 아이템이 구체화되고 도와줄 인연도 만날 수 있을 거다. 오히려 돈보다 그 이유가 더 크다 하겠다.

바람직한 청년! 그런데 당신의 심장에 펌프질을 하는 나도 이 말은 붙여야겠다. 자본주의가 만연한 이 땅에서 만만하고 순진한 생각으로 사업하다 망하는 사람 숱하게 봤다는 거. 그만큼 사업이라는 게 쉽지 않은 일이라는 것이다. 그러니 당신, 준비 단단히 하시라.

김작가 요즘 젊은 친구들 보면 자본은 없지만 톡톡 튀는 아이디어 가지고 있는 경우 많잖아. 이런 경우는 투자할 만한 사람 찾아가서 아이템을 팔아 보는 것도 한 방법일 거 같은데 그건 어떻게 생각해?

정찬우 그럴 수 있죠. 아이템이 정말 좋으면 그럴 수 있어요. 근데요, 이 아이템이 참 좋아. 그래서 돈 좀 있는 사람한테 투자 좀 해달라고 내가 찾아갔어요. 그러면 그 사람이 그걸 공으로 도와주겠어요? 당연히 자기 몫을 챙기려 하지. 어떤 아이템이고, 얼마만큼의 자본이 드는 건지 모르겠지만. 큰 자본이 드는 거라면 투자자를 찾아가는 게 맞는 거고 작은 자본으로 할 수 있다면 내가 벌어서 하는 게 맞죠. 온전히 내가 하는 게 맞아요.

편집자 사업에 대한 경험 많으시잖아요. 혹시 사업하려는 사람들에게 해주고 싶은 조언, 딱 한 가지만 꼽으라면 뭘까요?

정찬우 정확히 자기가 다 알아야 해요. 누군가를 믿고만 하면 안 돼. 우리가 이거저거 사업도 많이 해보고 실패도 많이 했잖아. 그러다 보니까 정말 우리가 직접 하지 않으면 안 되겠다는 생각이 들더라고요. 우리 치킨 사업하잖아요. 이거 시작할 때 우리가 직접 닭 튀겨봤어요. 만날 닭만 튀겼어요. 사무실에서. 직원들 죽겠다~ 했어. 매일 닭만 주니까. 어제는 후라이드, 오늘은 양념. 하하. 소스 공장 다니면서 시식도 해보고, 닭 잡는 데 가서 닭 잡는 것도 봤다니까. 아무튼 사업하려면 일단 다 자기가 알아야 해요. 자기가 알아야 시킬 수도 있어요.

끼는 없지만 주어라 열심히 하면 연예인이 될 수 있을까요?

Question 02

스무 살 여대생입니다. 빼어나게 예쁜 편은 아니지만 나름 귀여운 얼굴에 끼는 없어도 뭐든 주어지면 끝장을 보는 성실한 성격이죠. 낯선 사람 앞에서 부끄러움을 좀 타지만 친해지면 금방 편하게 잘 대하는 편이고요. 자랑은 아니지만 학교 다닐 때 공부도 좀 했습니다. 고등학교 때까지는 입시에 파묻혀 사느냐 연예인에 별 관심이 없었는데, 최근 친한 친구 한 명이 기획사 오디션에 붙어 캐스팅이 된 후 나도 한번 해보고 싶다는 생각이 드네요. 유명 연예인이 되면 어딜 가도 사람들에게 대접받고 화려하게 살 수 있잖아요. 또 연예인들과 친구처럼 지낼 수도 있고요. 요즘 들어 더욱더 연예인이 되고 싶다는 생각이 강하게 드는데요. 간절히 원하면 뭐든지 할 수 있다는 말도 있던데, 저도 노력하면 연예인이 될 수 있을까요?

이루지 못할 꿈, 일찍 접으시라

제발, 그런 꿈, 꾸지 마시라. 열심히 노력하면 되지 않겠냐고? 간 절히 원하면 이루어진다고? 천만에! 안 되는 건 안 되는 거다.

학창시절을 떠올려 봐라. 누구든 전교 1등 한 번쯤은 해보고 싶 었을 거다. 전교 1등이 되는 방법, 그거 아주 간단하다. 전 과목 100 점을 맞으면 누구나 1등. 그런데 그게 말처럼 쉽던가? 열심히 노력 만 하면 전교 1등, 그거 아무나 할 수 있는 거였나?

공부와는 거리가 먼 나였지만, 열심히만 하면 성적이 오를 거라 고 생각했다. 그러나 아무리 열심히 공부해도 전교 1등을 할 수 없 을 거라는 건 알고 있었다. 왜냐, '공부 머리'를 타고나는 애들이 따 로 있다는 걸 알았으니까. 그러니까 전교 1등 하는 애들은 공부 잘 하는 '끼'를 타고난 거다. 연예인이 되는 것도 그거랑 마찬가지다.

당신에게 지금 가장 시급한 것은 당신 자신을 파악하는 일이다. 개그맨이든 배우든 가수든 연예인이 되려면 크게 세 가지는 있어 야 한다. 첫째 빼어난(혹은 개성 넘치는) 외모, 둘째 넘치는 끼, 셋째 부끄러워하지 않는 숫기. 과연 이 세 가지 중에 당신이 가진 게 뭘 까? 당신의 고백대로라면 하나도 없다. 여느 직업처럼 누구나 할 수 있지만 아무나 할 수 없는 게 연예인이다.

당신에게 '그래, 당신이 그토록 간절히 원하면 꿈을 꼭 이룰 수 있어.' 이렇게 착하고 아름답기만 한 희망을 전해줄 수 없어 안타깝다만, 나는 당신에게 뿐만 아니라 주변 사람들에게도 이른바 희망 고문이란 건 하지 않는다.

내가 개그맨이라 그런지 내 주변에는 연예인이 되겠다는, 방송인이 되겠다는 이들이 넘쳐난다. 그들을 보면 대충 답이 나오는데, 누가 봐도 브라운관에 나올 수 없는 얼굴인데 배우 하겠다고, 아나운서 하겠다고 학원에 다니는 친구들 보면 참으로 이해, 어렵다. 왜 현실적으로 될 수 없는 꿈들을 갖는지. 그런 연예인 지망생들이 나를 찾아와 연예인 가망성을 점쳐달라고 하면 나는 '아쌀하게' 꿈을 접어준다.

"당신, 그 얼굴로는 어렵다. 이 바닥 얼굴들이 얼마나 쎈데. 그래도 하고 싶다? 그러면 성형하고 다시 찾아와라."

그나마 얼굴은 잘 나가는 강남 원장님들의 손을 빌려 해결할 수 있다 쳐도 더 큰 문제는 연예인 '끼'가 없는 친구들이 연예인을 하겠다며 나서는 경우다. 굳이 정의를 내리자면 연예인 '끼'란 남들 앞에서 자신을 잘 표현하는 능력이자 남들의 시선을 확 끌어당기는 매력, 그러니까 무당과 같은 끼를 말하는 거다. 무당들에겐 사람들을 확 끌어당기는 묘한 능력이 있지 않은가. 무당들을 보고 연예인 팔자를 타고 났다고 말하는 이유도 이런 맥락이라 하겠다.

연기자라면 실감나는 연기로, 가수라면 끝내주는 노래로, 개그맨이라면 가만히 있던 사람도 맘만 먹으면 쓰러지게 웃길 만큼 재미난 개그로 주목을 받을 수 있어야 끼를 타고 났다고 할 수 있겠다. 그런데 오해는 마시라. 이 끼라는 게 능력과 백 퍼센트 일치하는 단어라는 소린 아니니까. 가수라면 오로지 가창력이 좋은 가수 보고 끼를 타고 났다고 말하는 게 아니라 그 사람이 노래를 했을 때 주변 사람들의 고개를 돌리게 만드는 그 무엇, 뭐라 말로 표현할 수 없는 그 사람만의 매력, 그게 연예인 '끼'인 거다.

당신에게 그런 '끼'가 없다는 거, 이미 당신이 고백한 사실. 그래서 나는 당신에게 딴 꿈을 꾸라고 말하고 싶다. 당신이 연예인이 되고 싶은 이유가 남들에게 주목을 받고 싶은 거라면 주목을 받을 수 있는 방법은 꼭 연예인이 아니더라도 여러 가지다. 공부를 잘하거나, 사업수완을 발휘하거나, 장동건처럼 잘생긴 남자와 결혼하거나. 뭐 그러니 현실적으로 안 되는 꿈은 꾸지 마라. 다른 분야에서 더욱더 반짝일 수 있는 당신의 재능이 아깝지 않은가. 당신에게 있을 그 재능을 먼저 찾으라.

그런데 이렇게 긴 잔소리를 듣고도 당신 여전히 포기하고 싶지 않다고? 그렇다면 오디션이든 콘테스트든 한번 도전해봐라. 그게 얼마나 심장 떨리는 일인지 직접 겪어 봐야 당신이 그 미련을 버릴 수 있을 테니.

Chapter 1

편집자 김국진 씨 같은 경우는 화면으로만 봐도 굉장히 수줍음 많아 보이는데, 그래도 연예인 하잖아요? 말씀하신 숫기가 없어 보이는데…. 사실 저는 그렇게 숫기 없어 보이는 분이 그쪽 분야에서 활동한다는 게 되게 신기하거든요. 그런 분도 타고난 끼가 있다, 이렇게 생각하는 건가요?

정찬우 왜 그렇게 생각해요? 그 형 대한민국 1등 MC했던 형인데. "여보세요?" 이거 먹혔잖아요. 뭐 실제로 말이 없고 부끄러움을 잘 타는 면이 있긴 하지만 화면으로 보이는 건 어디까지나 그 형이 잡은 캐릭터고 컨셉인 거예요. 그 형이 문선대 선배라 내가 좀 아는데, 이미 거기서 MC보고 연극했던 사람이에요. 경기대 학생 시절엔 전국에서 날렸던 MC였고. 그 형 무대 위에 서거나 카메라가 돌아가면 180도 변해요. 자신의 끼를 유감없이 발휘하는 사람이라고요.

김작가 그러면 본인은 이쪽 방면에 끼가 있다는 걸 안 건가?

정찬우 그럼요. 저는 여섯 살 때부터 내가 이 방면에 천재구나 알았어요.

(크하하하)

정찬우 어허, 웃지 마. 진짜로 웃을 일이 아니고. 나는 정말 내가 이쪽 분야에 끼가 있다는 걸 여섯 살 때부터 자각했다니까요. 그때부터 전국 사투리를 다 썼어요. 누구한테 배운 것도 아니고 텔레비전 보고 혼자 습득해서. 남진도 흉내 내고 그랬었는데, 그걸 사람들한테 보여주면 사람들이 막 웃는 거예요. 그러면 기분이 엄청 좋고 그랬어요. 그래서 알았죠. 아, 내가 이 방면에 끼가 있구나. 한번은 동네 장기 자랑 대회 같은 게 열렸는데, 성격이 소심해서 대회 나가는 게 무서운데도 한편으로는 내가 나가면 잘하겠구나 이런 확신도 드는 거예요. 무서워도 나간 거죠. 정말로 1등을 했고, 1등을 하고 나니까 내가 진짜 끼가 있는 게 맞구나 더 확신을 할 수 있었던 거고. 어렸을 때인데 그 희열을 잊지 못하겠더라고요.

편집자 어머, 성격이 소심하셨어요?

정찬우 사실 나도 되게 낯 가려요. 지금은 많은 사람들을 대하다 보니까 변한 거지만. 형, 개그맨들 방송국에 처음 들어가면 선배들이 시키 잖아요. 너는 뭐로 들어왔니, 떠들어봐라. 근데 저는 그 선배들 앞에서 개인기를 못 보여주겠는 거예요. 쑥스러워서. 근데 무대 위에서는 달라지니까 이 방면에 내가 끼가 있구나 생각한 거죠.

편집자 그런 끼를 타고 났다는 게 부러운데요.

정찬우 각자의 재능이 다른 거지. 나보고 당신들처럼 글 쓰라면 글 쓰겠어요? 각자의 재능이 다른 거니까.

스물일곱 살이 되도록 하고 싶은 걸 못 찾아서 고민입니다

Question 03

군대도 다녀왔고 학교도 졸업한 스물일곱 살 남자입니다. 또래 친구들에 비해 취직자리 알아보기엔 늦은 나이죠. 근데 일을 하려고 이곳저곳 알아봐도 특별히 하고 싶은 일이 없어 이력서를 못 넣고 있네요. 어느 날은 부모님께서 언제 취직할 생각이냐 물으시길래 조심스럽게 말씀드렸죠. 특별히 하고 싶은 일이 없어 고민이라고 그랬더니 배부르고 등 따셔서 정신 못 차린다고 잔소리를 한 바가지 퍼부으시더라고요. 저에게 이 고민은 나름 엄청 심각한 건데 말이죠. 졸업 후 자기가 하고 싶은 일을 찾아 취업한 친구들을 보면 부럽기만 하고, 아무리 앉아서 이 생각 저 생각 해봐도 마땅한 일이 떠오르진 않네요. 사람들은 자신에게 딱 맞는 일을 어떻게 찾는 걸까요? 도대체 어떻게 해야 평생 이루고픈 꿈을 찾을 수 있는 거죠?

닥치는 대로 일하면서 고민하라

욕하고 싶다. 이렇게 고민만 하는 사람들. 과연 고민한다고 달라질까? 지금 당신의 상황이. 먼저 당신에게 묻고 싶다. 고민은 어떻게 해야 하는 것인지. 고민은 가만히 앉아서 해야 하나? 대학 졸업하고 서른이 다 되어가는 나이에 "엄마, 나 돈 좀 주세요. 도서관 가서 고민 좀 하고 오게." 이럴 건가? 이건 아니지. 거지도 아니고.

대학 졸업하고 군대 다녀오고 취직자리 찾는 스물일곱 살이라면 이제 그 고민의 시간도 아까울 때다. 그런 당신이 하루 세 끼 축내면서 오로지 고민만 하는 거, 실은 그 나이에 아무것도 안 하는 자신에 대한 자기합리화는 아닐까?

나는 당신이 스물일곱 살이 되도록 자기가 잘하는 일이 무엇인지, 하고 싶은 일이 무엇인지 모른다는 걸 탓하고 싶진 않다. 오히려 그 나이에 확고한 꿈을 가진 젊은이들이 얼마나 될까 싶다. 학교 가고 군대 가고 정해진 코스대로 살 수밖에 없다가, 기껏해야 아르바이트 정도가 사회생활의 전부였을 테니. 그 안에서 자신의 적성을 발견하는 일이 쉽진 않았을 거다.

나도 그랬다. 제대하고 나서도 당장 뭘 해야 할지 막막하더라. 그렇다고 당신처럼 고민만 하지는 않았다. 길거리에서 옷 장사도 하고, YMCA 레크레이션 일도 하고, 닥치는 대로 이런저런 일들을 했다. 그러면서 개그맨을 하고 싶었던 어린 시절 꿈을 다시 기억해낼 수 있었던 거다. 내가 만약 아무것도 하지 않고 만날 집에 앉아 '뭐 하지? 뭐할까?' 고민만 하고 있었다면, 분명 컬투 정찬우는 없었을 거다.(뭐 개그맨이 되지 않았더라도 다른 일하며 잘 살고 있었을 거라는 생각은 하고 있다만.)

　나는 당신이 닥치는 대로 일부터 했으면 좋겠다. 예를 들어 당신이 전자공학과를 나왔다고 치자. 그러면 전자 칩 만드는 공장에라도 들어가 일과 부딪치며 고민해보길 권한다. 그러면서 당신이 당신의 꿈을, 재능을 재발견했으면 좋겠다. '아! 내가 이런 일을 잘할 수 있구나.' 이런 확신은 고민이 아니라 경험에서 나온다.

　어쩌면 당신은 이렇게 되물을 수도 있겠다. 그래도 충분히 고민을 해야 시행착오를 줄일 수 있지 않겠느냐고. 그런 당신에게 나는 되묻고 싶다. 일하면서는 고민을 할 순 없는 거냐고. 설마 그 대단한 고민의 답을 얻기 위해 하루 종일 인터넷 검색을 하며 일 년 열두 달을 써버릴 어처구니없는 생각이 아니었다면, 내 말을 따르시라. 고민만 하면서 고민할 때보다 일하면서 고민할 때 더 많은 답을 얻게 될 테니.

열심히
스펙을 쌓아왔는데,
자꾸만 떨어지는
이유를 모르겠어요

올해 대학을 졸업한 취업 준비생입니다. 나름 면접 스터디도 하고 취업 정보도 열심히 수집하면서 이력서를 넣고 있는데요. 생각보다 취업이 잘 안 되네요. 물론 지금까지는 사람들이 들으면 알만한 대기업 위주로 이력서를 넣었습니다. 비록 지방 국립대에 다니고 있긴 하지만 학점도 높고, 어학연수도 다녀왔고, 인턴사원도 해본지라 스펙이 떨어진다고 생각하진 않거든요. 사람들한테 인상 좋다는 말을 자주 듣기에 외모 문제도 아닌 거 같고요. 분명 다른 이유가 있을 듯한데, 스펙이나 외모 때문이 아니라면 도대체 무엇이 문제일까요? 친구들은 모두 취업해서 다들 적금 들고 결혼한다고 난리인데 저만 끝나지 않는 고민을 반복하는 느낌입니다. 이제 저도 달라지고 싶네요. 제가 모르는 취업 노하우가 있는 걸까요?

스펙을 쌓아 취직하지 말고 취직하여 스펙을 쌓아라

당신이 알면서도 모르는 척하는 취업 노하우는 딱 한 가지다. 눈높이를 낮춰야 한다는 거. 남들처럼 샐러리맨이란 걸 해본 적이 없는 내가 봐도 취직이 안 되는 사람들 보면 공통점이 있더라. 스펙은 이 밑에 있는데 눈은 저 위에 있는 회사만 쳐다본다는 거.

딱하다 당신, 현실 직시, 자신 간파 능력 떨어진다는 진단 나오겠다. 지방대 나와서 대기업, 은행, 이런 데 들어가려고 하면 그게 되겠나? 대학 입시랑 똑같은 거다. 하향 지원을 해야 안전하게 합격한다. 자신에게 냉정해져라. 내 스펙이 A급이 안 된다, 그러면 B급 C급에 맞춰라.

이미 앞에서 내 장사 이야길 거창하게 늘어놓았던바, 중복된 이야기 생략하고 말하면 내가 왜 제대 후 1종 면허를 땄겠는가. 내 후진 스펙엔 일단 '트럭'이라도 다룰 줄 아는 기술이 필요하겠다 싶었던 거다. 내가 그때, 내 스펙으로 이름난 기업체에 들어갈 궁리나 하고 있었다면 내 인생 한 걸음도 나아지지 않았을 거다. 근데 다들 후진 스펙으로 대기업, 은행 가려고 이력서 쓴다. 그게 되겠나? 안 되면 공장이라도 가야지. 왜 쥐뿔도 없으면서 이력서를 100군데나 냈는데 안 된다고 엄살이냐.

물론 좀 더 좋은 데 가고자 하는 당신 마음, 이해 못 하는 거 아니다. 그러나 그것도 졸업하고 1, 2년까지 그래보는 거지, 스물아홉, 서른 돼서도 계속 그러고 있으면 당신에게 취업 글러버린 거다. 취업은 '고르는 게' 아니라 '눈높이를 맞추는 거'다.

혹여 나는 지나치게 고귀하고 위대한 사람이라 B급 C급에서 일할 사람이 아닌데, 요런 생각이 드시는가? 그러면 B급 C급에 가서 일을 확실히 배워가며 자기 위치를 분명히 잡아라. 그러고 나서 다시 A급에 도전해보든가 독립해보든가 하시라. 나는 당신이 이제 스펙에 대한 생각을 바꿨으면 한다. 스펙은 들어가기 위해 쌓는 것보다 들어가서 쌓는 게 진짜다.

맨유 구단주 '스티븐 비게라'를 아는가? 이 사람, 인생이 파란만장이다. 원래 아스날 선수였던 사람이 계단에서 굴러 떨어지고, 왼쪽 손목에 총 맞고, 인대 절단되고 별별 일을 다 당했다더라. 벼락을 두 번이나 맞고, 폐암 걸렸다가 두 번이나 재발하고, 노숙자 생활하다 억울하게 살인 누명 쓰고 징역 10년 살고, 인생이 완전히 개차반 소설이더라고. 근데 이 사람이 63세에 감옥에서 나와 뭘 했냐. 조그만 인쇄소 공장에 취직을 한 거다. 4년 만에 사장이 됐고. 그러고 나서 73세에 프리미어리그 최고 클럽인 맨체스터 유나이티드의 구단주가 된 거다. 이게 소설이 아니라 실화다, 실화.

내 주변에도 보면 방송국에 10년 넘은 FD들이 있다. 얘네들이 처음엔 잔심부름 하다가 어느덧 편집을 하고 구성을 하기 시작한다. 그러면서 10년을 보내는 거다. 그러다 보면 얘네들 실력이 PD들보다 나아진다. 왜냐, 밑바닥에서 익힌 현장감이 있거든. 이 정도 되면 얘네들을 프로덕션에서 알아서 모셔간다. 걔네들이 거기서 PD를 하는 거지. 이런 게 바로 진짜 스펙인 거다.

　당신은 지금 밑바닥을 안 보고 있는 거다. 밑바닥에서 한 계단씩 올라가면서 스펙을 쌓을 수 있는 기회들을 쓸데없는 눈높이 때문에 다 놓치고 있는 거라고. 그러다 서른 넘어가면 대책 없다. 눈높이를 조금만 낮춰라. 당신에게 맞는 회사들이 지금 당신을 기다리고 있다.

Question 05

군대에
말뚝 박고 싶은데
순간의 감정일까 봐
두려워요

20대 중반의 신체 건강한 남아입니다. 입대 전 군대 가기가 죽기보다 싫어 친구들과 매일 술을 진탕 마셨던 기억이 생생한데요. 결국 어쩔 수 없이 군대에 끌려갔고, '국방부 시계는 거꾸로 달아놔도 흐른다'는 말처럼 어느새 전역을 석 달 정도 남겨둔 고참이 되었습니다. 근데 군대 선임부터 부사관들까지 주변에서 절 지켜본 사람들이 하나같이 군대 체질이라며 아예 말뚝을 박으라고 권하네요. 사실 전역하고 사회에 나가봤자 제 스펙에 뾰족한 수가 있는 것도 아니고, 딱 맞는 건 아니지만 그렇다고 싫지도 않아 군대에 남을까 고민 중입니다. 부사관부터 시작하려면 물론 힘들겠지만 열심히 하면 원사까지는 무난히 달 수 있지 않을까 싶기도 하고요. 물론 순간의 감정으로 결정할 일이 아니란 걸 알기에 신중하려고 노력 중입니다. 저 정말 군대에 말뚝 박아야 할까요?

Chan woo' Answer

죽을 때까지 군인으로 살 거 아니면 말뚝 박지 마라

당신 망설여지는가? 그럼 말뚝 박지 마라. 말뚝 박는 애들 보면 알아서들 박는다. 당신처럼 안 물어보고. 당신이 이렇게 망설인다는 거, 그게 이미 당신한테 군대 생활이 안 맞는다는 거다.

근데 내가 당신에게 말뚝 박지 말라고 하는 이유는 그냥 내가 군대 생활이 싫기 때문이다. 국방부 관계자들이 보면 섭섭한 마음 크시겠으나 군대 생활, 나는 그 지겨운 삶이 싫다. 지금 생각해봐도 군대 가서 제일 이해 안 되던 게 멀쩡한 내무반을 놔두고 산에 가서 자야 하는 거였다. 춥디추운 날 아무 이유 없이 땅을 파야 하는 거랑. 물론 그게 전쟁에 대비한 훈련이고 또 그게 국방의 의무라니 따랐지만, 솔직히 전쟁이 날 거라곤 실감 못 하는데 그런 일들을 따라하려니, 내가 왜 여기서 이런 헛짓을 하고 있나 이런 생각만 들더라. 온갖 규칙에 얽매여 지내면서 딱히 일에 대한 뿌듯함을 느끼기 어려운 곳. 나한테 군대는 그랬다.

뭐, 세상에 훌륭한 군인도 많고, 군대에서 배운 것도 크다만 적어도 난 인생의 많은 시간을 몽땅 걸만큼 매력적인 생활이 군대 생활은 아닌 것 같다. 게다가 당신 말대로라면 지금 당신은 장교도 아니고 하사관으로 직업 군인 생활을 시작한다는 거 아닌가? '쫄'이 많은 것도 아니고, 진급이 유리한 것도 아니고. 그래서 나는 당신이 군대에선 그냥 체력, 정신력 좀 단련해서 나오면 좋겠다.

그래도 나는 정말 군대가 딱이다, 그래서 말뚝을 박고 싶다? 그러면 이 얘긴 해야겠다. 군대생활이 사회생활의 경력이 되지 않을 것이니 말뚝을 박으려거든 끝까지 박으라는 거. 군대생활이 조직 생활이긴 하다만 사회생활, 그것과는 판이하게 다른 거다. 직업 군인들이 종종 어설프게 말뚝 박다 나와 월급 모은 돈으로 치킨집 차려 돈만 날리는 걸 보면 안타깝기 그지없다.

내가 아는 형님도 제대해서 치킨집을 냈는데, 이런 가족들만 주구장창 치킨 먹고 있더라. 애초에 군대생활 하다 사회에 나와서 뭐가 어떻게 돌아가는지도 모르고 무턱대고 일을 벌이는 거, 그것부터가 위험한 거다. 당연히 속기도 많이 속고. 사회에서 돈 벌어 사회에서 느낀 감을 가지고 뭘 하는 거랑은 다를 수밖에 없는 거다. 뛰고 날아도 살아남기 어려운 판에 어설프게 걸음마 하면서 어떻게 살아남나.

군대는 사회랑 판이하게 다르다. 그건 아무리 '군인 정신'을 가지고 덤벼도 안 되는 거다. 그러니 말뚝을 박을 거면 정년까지 박을 생각해라. 그게 아니면 일찌감치 생각 접으시고.

30대 중반인데, 늦은 나이에 새로운 도전 가능할까요?

30대 중반의 남자입니다. 사회생활을 한지는 6년이 조금 넘었고요. 친구들은 모두 각 분야에서 팀장급으로 열심히 일하고 있는데, 전 이 나이에 직업이 적성에 맞지 않아 고민이네요. 남들은 탄탄한 회사에서 안정되게 일하고 있으니 '운 좋다' 여기고 버티라고 충고하는데, 전 시간이 지날수록 새로운 일에 도전해보고 싶은 마음입니다. 근데 적은 나이가 아닌지라 시도할 엄두를 못 내겠네요. 곧 결혼도 해야 할 텐데 현실을 생각하면 열심히 벌어 집 장만이라도 해야 하는 거 아닌가 싶고, 괜히 새로운 일에 잘못 도전했다가 시간만 낭비한 후에 낙동강 오리알 신세가 되는 거 아닌가 싶기도 하고요. 20대 중반만 됐어도 뭐든 도전해봤을 텐데 왜 그때는 그런 생각을 못했을까 후회스럽기만 합니다. 어떻게든 빨리 결정을 내리고 싶은데 나이가 많은 저도 새로운 일에 도전할 수 있을까요?

Chan woo' Answer

세상 바뀌었다. 당신 나이에서 1,20년 빼고 살아라

　30대 중반이 나이가 많다? 그 생각부터 버려라. 당신의 길을 막고 있는 건 나이가 아니라 나이에 대한 당신의 생각, 되시겠다.

　지금은 소식이 끊겼다만 내가 알던 사람 중에는 50대 후반에 새일을 시작하여 승승장구하는 사람이 있다. 이 분의 한 마디에 나이에 대한 내 생각이 싹 바뀌었는데, 당신에게 그 얘길 해주고 싶다.

　컬투 삼총사 시절, 인기가 별로 없던 그때 이 분과 어떻게 인연을 맺게 됐는데, 완전히 기분파에다 통이 큰 사람이었다. 그 당시의료 사업을 크게 하고 있던 그는 우리를 만나면 예쁘다고 용돈을 100만 원씩 턱 턱 주곤 했다. 중년을 넘긴 나이에 머리를 길러 묶은, 굉장한 멋쟁이였다.

　이러던 양반이 어느 날 부도가 나서 감옥엘 간 거다. 쫄딱 망해서. 근데 그분의 사모님이 어떻게 우릴 알고 찾아오셔서는 얘길 전하더라. 경제적으로 어렵다고 하소연도 하시면서. 얼마나 딱해 보였는지 내가 얼마쯤 해드리기도 했다. 그 형님이 잘해주셨는데, 마음 약해서 그거 외면 못 하겠더라고.

　어쨌든 그러고 나서 얼마 있다가 그분이 감옥에서 나오셨다. 나와서 1, 2년쯤 지났나, 우리한테 연락을 하신 거다. 모 정수기 회사부산 본부장인가 됐다면서. 정수기 판매를 하시더라고. 그 회사에

'빽'으로 들어간 게 아니라 순전히 영업 성과로 본부장까지 올라 갔다고 하면서. 그때 그 형님 나이가 58세인가 그랬다. 대단한 양 반이지.(뭐 예상하는 거 맞다. 정수기 몇 대는 팔아드리기도 했다.)

그런데 그 무렵 그분이 나한테 해준 말이 하나 있다. 내가 형님은 어떻게 그 연세에 젊은 사람처럼 사느냐, 물어보니 이 형님 딱 그 러더라. "난 120살까지 살 거야." 그래서 자기는 아직 반도 못 살았 다는 거다. 할 일이 너무 많다는 거지. 아주 확신을 가지고 얘기하 더라고. 그 얘길 들으니 이상하게 정신이 바짝 들더라. 그게 내가 근 5년 내에 들었던 말들 중 가장 충격적인 말이었다.

뭐 이미 여기저기서 이제 100세 시대라느니, 60세부터 청춘이라 느니 식의 말들은 많았으니까, 그 말이 새로울 것도 없는 거였는데 이상하게 그날 그 형님의 말은 콱 박히더라. 아마 내가 충격적이었 던 이유는 그 의심 없는 목소리 때문이었는지도 모르겠다.

여하튼 내가 그 얘길 듣고 생각이 참 많이 바뀌었다. 솔직히 전엔 나이 들어서 치렁치렁 멍하게 사는 게 무슨 의미가 있나, 그런 생 각 많이 했었다. 근데 그 형님 얘기를 듣고 그 생각이 싹 사라지더 라. 그분이 이제 환갑이 좀 넘으셨다. 물론 그분이 80살에 돌아가 실 수도 있고 100살에 돌아가실 수도 있겠지만 '120살까지 살겠 다!' 이런 생각을 갖고 있으면 환갑에도 남은 인생 활기차게 살 수 있겠다 싶은 생각이 든다. 그 나이에 120살까지 산다, 그럼 아직 인 생을 반밖에 안 살았으니까 할 게 너무 많을 거 아니겠냐고. 해야 할 일도 많고.

젊을 때는 이런 말 많이 한다. "인생 뭐 있어 짧고 굵게 살다 가면 되는 거지." "난 딱 60살까지만 살고 죽을 거야." 나도 그랬다. 사실 그땐 그 나이가 금방 올 줄을 모르거든. 그때는 60대 노인들 보면 너무 늙은 것 같았다. 근데 내가 이 나이쯤 와보니 60살 돼서도 마음은 청춘이라는 말 짐작하겠다.

게다가 요즘은 말 그대로 100세 시대. 30살은 예전의 30살이 아니고 60살은 노인 축에도 못 낀다. 세상이 바뀌었으니, 당신 마인드도 바꿔라. 당신 나이에 1,20년 빼고 시작해도 된다고. 그리고 당신은 이제 30대 중반, 50대 후반에 모 정수기 회사 부산 본부장 되신 그분에 비하면 20년 이상 빠른 나이라고. 엄살떨지 말고 무슨 일이든 새 일을 찾아라. 그리고 뛰어드는 거다. 당신 인생 아직 창창하니까.

Question 07

뭘 해도
안 풀려요.
운명이란 게
있는 걸까요?

　사람의 운명은 태어날 때부터 정해져 있는 걸까요? 요즘 들어 부쩍 그런 생각을 더 많이 하게 되는데요. 왜 어떤 사람은 태어날 때부터 입에 금수저 물고 태어나 특별히 노력하지 않아도 잘 먹고 잘 사는데, 어떤 사람은 가난한 집에서 태어나 고생만 하다 죽는 걸까요? 인생사가 너무 불공평한 것 같습니다. 저 또한 지금까지 살면서 무엇 하나 제 뜻대로 된 게 하나도 없는데요. 부족한 환경에서 태어난 건 어쩔 수 없다 쳐도 사소하게는 시험 운도 없어 번번이 실력보다 낮은 점수를 받거나 당일 날 몸이 아파 시험을 망치곤 했습니다. 그에 반해 제 친구 녀석은 좋은 집안에서 태어난 것도 모자라 무슨 일을 해도 술술 잘 풀리고 심지어는 주변에서 도와주는 사람도 많더라고요. 부러운 것을 떠나 이게 내 운명인가 싶은 생각까지 드네요. 정말 일이 잘 안 풀리는 게 저의 타고난 운명 때문인 걸까요?

Chan woo' Answer

뭐라도 하는 거, 그게 운명을 바꾸는 거더라

나는 운명이란 걸 믿는다. 내가 대기업 회장의 자식으로 태어나느냐, 거지의 자식으로 태어나느냐, 우리 어머니의 자식으로 태어나느냐. 이거 이미 정해져 있는 거니까. 그게 바로 운명인 거고.

당신 말처럼 누군가는 50만 원을 들고 태어나고 누군가는 100만 원을 들고 태어나는 거 그거 참 열 받는 일이다. 쟤는 별다른 노력 없이도 금수저 물고 있는데, 나는 뼈 빠지게 일해야 플라스틱 수저 물까말까 하니, 왜 열이 안 받겠는가. 근데 누가 그러지 않았나. 원래 인생은 불공평하게 시작하는 거라고. 신에게 따질 수도 없는 노릇이고 이왕 이렇게 태어난 거, 거기까진 괜히 따지지 말고 넘어가자.

근데 말이다. 나는 태어난 환경만이 아니라 그 사람의 마인드와 행동이 다 운명이라고 생각한다. 예를 들어 어떤 힘든 상황이 생겼을 때 내가 뭐라도 하는 것도 운명, 아무것도 하지 않는 것도 운명, 그 상황을 비관적으로 생각하는 것도 운명, 낙관적으로 생각하는 것도 운명, 그 상황을 바꾸려고 하는 것도 운명, 되는 대로 살려고 하는 것도 운명이라는 거다. 말장난 같은가? 근데 나는 살아 보니 정말 그렇더라. 그러니까 이런 거다. 내가 지금 가난한데 '부자가 돼야겠다. 나는 부자가 될 수 있어'라고 생각하는 것도 운명이고, '나 같은 놈이 어떻게 부자가 되겠어. 부자는 다 정해져 있다고.'

이렇게 생각하는 것도 운명이라는 얘기다.

나는 내가 지금의 '정찬우'로 사는 것이 어렸을 때부터의 생각, 행동 이런 것들이 차곡차곡 쌓여서 지금의 운명을 만든 거라고 생각한다. 내가 일곱 살 때였나, 고철을 줍고 다닌 적이 있다. 우리 집이 굉장히 어려워서. 당시 아버지께선 코카콜라 영업사원으로 일하면서 트럭으로 배달하는 일을 했는데 돈을 넉넉히 벌어오지 못하셨다. 생활력이 강했던 어머니는 그 돈을 독하다 싶을 만큼 모으셨고. 뭐 그 시절의 우리 어머니를 얘기할 때 '라면만 먹으면서 집을 산 사람이다', 이렇게 말하곤 하는데 이러면 대충 설명이 되려나. 아무튼 그 어린 나이에도 엄마한테 용돈을 달라고 졸라댈 수가 없더라. 그래서 내가 고철을 주운 거다. 누가 시킨 게 아니라 내 의지로 그렇게 한 거라고. 그 어린 나이에 돈이 없으면 내가 돈을 벌어야겠다고 생각하고 행동했다는 거다. 그때부터의 생각과 행동이 이어져 지금의 내 운명을 만들었다는 거고.

서울역에 가면 노숙자들 많이 볼 거다. 그 사람들, 내가 보기에는 그거 좋아서 하는 거다. 사람들 오가는 길바닥이 전부 돌침대고, 사람들 던져준 돈으로 소주 사 먹고, 담배 얻어 피우고, 그게 좋은 거라고. 마음만 먹으면 뭘 못 하겠나. 팔다리 멀쩡하다면 하다못해 우유 배달, 신문 배달이라도 할 수 있다.

근데 안 하는 거다. 거지로 사는 게 편하고 좋은 거라고. 그 사람들한테는 그것이 자기가 만든 운명이다. 거지 팔자라고 하나? 이런 사람들은 어쩔 수 없다. 그냥 그렇게 살아야지. 어쩌면 그들의 운명이 대기업 회장의 자식으로 태어나 주욱~ 부자로 사는 것보다 더 변하지 않을 확고한 운명이 아닐까 싶다. 그렇게 살다간 그렇게 죽을 운명 백 퍼센트다.

당신이 나한테 이런 질문을 던진 걸 보면 당신은 '내 인생 별로야', 이런 생각을 하고 있는 거 같다. 당신 말처럼 당신이 태어난 환경, 그 운명은 참 별로일지 모르겠다. 그런 당신에게 내가 해주고 싶은 말은 한 가지, '그러니까 더' 뭐라도 해보라는 거다. 그럼 지금보다 다른 환경을 만날 수 있을 테니. 운명을 바꾸는 운명은 뭐라도 하는 거, 행하는 거다. 행하다 보면 새로운 환경을 만나고 그게 당신 운명이 되는 거다. 다시 말해 운명을 바꾸는 것조차 운명이라는 말이지.

생각해보라. 당신이 이런 질문을 던지는 거, 내가 당신의 질문에 답하는 거, 그리고 그 말에 당신이 자극을 받거나 아이디어를 얻어 다른 일을 행한다면 그게 운명 아닐까? 나는 당신이 이런 질문을 던지는 사람이니까, 이렇게 자신의 삶에 대해 고민하는 사람이니까, 충분히 자신의 운명을 바꿀 수 있는 사람이라고 생각한다.

그리고 말이다. 당신 입장에서 이런저런 일들이 연달아 안 풀리다 보니 저절로 팔자타령이 나오는 거겠지만, 지금 안 풀린 그 일이 끈이 되어서 좋은 일로 연결될 수도 있다는 걸 알았으면 한다. 살아 보니 그런 경우 종종 생기더라. 내가 개그맨이 된 것도 실은 싸움을 말리다가 생애 처음으로 날린 강펀치가 운 나쁘게 상대방을 명중하는 바람에, 그 사람이 크게 다치는 바람에 시작되었던 거다. 당신 역시 뭐라도 하다 보면 지금 안 풀렸던 그 일이 운명처럼 새로운 일을 만들어 주는 기회, 종종 마주치게 될 거다. 나는 당신이 그걸 놓치지 않고 운명으로 만들었으면 좋겠다.

흥미로운 얘기 하나 더 할까? 혹시 마술사가 점집에 가서 사주를 넣으면 뭐라고 나오는지 아는가? 사기꾼으로 나온다고 하더라. 사기꾼. 재밌지 않은가? 우리나라 대표 마술사 이은결도 점집에 가서 사주를 넣으면 꼭 사기꾼으로 나온다고 하더라. 마술사의 운명이 사기꾼이라. 어쩌면 이것은 같은 운명이라도 그걸 어떻게 받아들이느냐에 따라 운명이 달라질 수 있다는 뜻 아닐까?

근데 말이다, 내가 지금 운명이라는 단어를 수십 번씩 써가면서 이렇게 정성들여 떠들어대도 당신이 내 말을 듣고 지랄하고 있네, 하고 돼가는 대로 산다면 그건 할 수 없는 일이다. 그것도 당신 운명이니까.

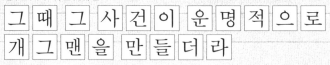

정|찬|우|의|훈|잣|말

그때 그 사건이 운명적으로 개그맨을 만들더라

지금 생각해보면 내가 개그맨이 된 것도 우연과 필연의 조합으로 만들어진 운명 같은 거였다. 내가 만약 그날 젊은 혈기로 싸움만 하지 않았다면 아마 나는 개그맨이 되지는 않았을 거다.

고백하자면 군대 가기 전, 나는 경찰에 쫓기는 신세였다. 사건은 이랬다. 유한 공고 시절 '짱' 먹던 녀석이 있었는데 그 친구가 내 친구들 대여섯 명을 납작하게 때려눕혔다. 처음에 난 그냥 '어어~' 하면서 말리기만 했었는데 내 친한 친구 재범이가 맞기 시작하는 걸 보니 눈에 스파크가 일더라. '저 자식이 내 친구 재범이를 때려!', 그 순간 나도 모르게 그 녀석에게 달려가 주먹을 날렸는데, 강편치 그게 제대로 맞은 거다.

그 녀석 바로 뻗더라. 서 있는 자세 그대로 쓰러져 아스팔트에 머리를 탕! 부딪히는데 내가 얼마나 놀랐는지 그 순간이 슬로우 비디오를 보는 것처럼, 그렇게 천천히 내 눈에 들어왔다. 아직도 그 순간이 잊히지가 않는다.

나쁜 일은 한꺼번에 몰려온다고 하던가. 당시 아버지는 뇌를 다쳐 병원에 입원해 계셨을 때였는데, 군에서 운전병을 하던 형은 사람을 치고, 생전 싸움 한 번 안 하던 나는 집단 폭행 사건 당사자가 된 거다. 그 싸움판에서 맞은 건 우린데 그 결정적인 한 방 때문에 결국 집단 폭행이라는 명목으로 경찰에 쫓기는 신세가 되었다.

경찰들을 피해 6개월 정도 학교도 못 다니고 집에도 안 들어가며 막노동 현장과 당구장을 전전했고, 그곳에서 눈치 보며 번 돈을 아버지 병원비에 쓰시라고 어머니께 드렸었다. 참 눈물나던 시절이었다. 결국 합의는 봤으나 기록은 남았다.

집안이 어려워 도대체 뭘 해야 좋을지 모르던 때, 이모부가 군에 지원할 것을 제안했다. 이모부는 당시 수도방위사령부에 있었는데 자신이 힘을 써서 수방사로 보내주겠다고 했다. 수방사는 한 달에 한 번 외출을 나올 수 있으니 군 생활하면서 어려운 집안을 살필 수 있을 거라는 거다. 이모부의 제안대로 나는 군에 지원했다. 수순대로 됐으면 나는 '빽' 써서 줄 잘 선 놈 되는 거였다. 그러나 어디 그리 세상이 만만하던가.

신병교육대에서 자대 배치를 받던 날, 당연히 수방사로 배치 될 거라 믿고 있었던 나에게 발표 담당자가 말했다. "정찬우 수색대!"

수방사는 고사하고 가장 힘들기로 유명한 수색대에 배치가 된 것이다. 폭행 사건 기록이 그 이유였다. 신교대 2주차 때 결국 아버지가 돌아가셨다. 그때 평생 흘릴 눈물을 다 쌌다. 가장 힘들기로 유명한 수색대에서는 하루도 거르지 않고 폭언과 구타에 시달렸다. 그때 나, 엉망진창이었다.

그러고 나서 내가 일병 5호봉 때, 문선대에서 우리 부대로 공연을 온 것이다. 부대에서는 휴가를 보내준다며 장기자랑에 나갈 병사들을 찾았다. 소대에서 각 한 명씩 나오라 했으나 우리 소대에는 재밌는 놈이 아무도 없었다. 물론 나도 소대에서 재밌는 놈은 아니었다. 조용한 성격인데다가 웃을 여유도 없었으니까. 아무도 지원하지 않자 위에서 일병 선임이 나가라는 지시가 떨어졌다. 내가 일병 선임이었다. 군대인데 나가라면 나가야지 어쩌겠는가. 근데 막상 나가려고 하니 이왕 이렇게 된 거 1등 하면 휴가도 준다고 하니 열심히 해보자 이런 욕심이 들더라. 고민 고민하며 준비한 아이템이 취사 선임한테 쌀 빌려준 이야길 부대 비리처럼 엮어서 연기하는 거랑 군 부대 간부들의 특징 묘사, 주현 아저씨 성대모사를 하는 거였다. 반응은 폭발적이었고 결국 1등을 먹었다.

그때 이런 생각이 들더라. 맞다, 내가 이런 놈이구나. 나한테 이런 재주가 있었지. 그 뒤 문선대에서 나를 차출해갔고 6개월 정도 부대 곳곳을 돌며 공연을 했다. 이때를 계기로 개그맨 시험에 도전하겠다는 생각을 갖게 되었고 결국 개그맨이 된 거다.

만약 그 싸움에 휘말리지 않았다면 나는 운 좋게 수방사에 갔을 수도 있다. 그러면 문선대 공연을 볼 일은 없었을 테고 장기자랑 나갈 일도 없었을 거다. 그렇다면 내 재능을 새삼 다시 발견하지도 못 했을 테고. 그때 알았다. 삶이라는 게 이렇게 이어지고 있는 걸. 앞서 흘러간 시간이 오늘로 연결된다는 걸. 그때 나쁜 일이 오늘의 좋은 일로 이어질 수도 있다는 걸. 그러니까 지금 나에게 일어난 나쁜 일을 꼭 나쁘다고만 생각할 게 아니라는 말이다. 당시에는 죽을 만큼 힘들어도 그런 것들을 잘 이겨내고 나면 맑게 갠 날도 펼쳐진다.

그때의 그 기억이 콱 박혀 있기 때문일까, 요즘에도 난 안 좋은 일이 생길 때마다 속상한 마음을 달래며 생각한다. 이 일이 나중에 어떤 일을 만들까. 그러니 인생 재밌지 않을 수 없는 거다, 하루하루가 값지지 않을 수 없는 거다. 나, 앞으로도 남은 인생 제대로 살아 보고 싶다. 내 어머니가 배 아파 낳아준 삶, 잘 살아야지 않겠나.

부자로
태어나면
얼마나 좋았을까,
이런 생각만
들어요

Question 08

스물일곱 살의 취업 준비생입니다. 학교를 졸업한지는 꽤 지났는데 아직까지 첫 월급은 꿈도 못 꾸고 있네요. 이런 제 현실 때문인지는 몰라도 요즘 들어 부자가 너무 부럽습니다. 바로 취업이 되어 직장에 들어간다고 해도 쥐꼬리만 한 월급으로 얼마나 모을 수 있을지. 또 모아봤자 서울에서 집 장만이나 제대로 할 수 있을지. 그 돈을 불려 부자가 되기까지 얼마나 긴 시간이 필요할지 생각하면 막막합니다. 부잣집 친구들을 보면 단지 돈 많은 집에 태어났다는 이유로 해외여행도 마음껏 가고, 사고 싶은 것도 맘대로 사고. 다들 취업 준비로 고생하는데 여유롭게 아버지 회사에 들어가 직장생활을 하기도 하고요. 나도 부자로 태어났다면 얼마나 좋았을까, 이렇게 힘들게 고생하지 않고 여유롭게 살 수 있었겠지, 하는 생각에 매일 밤을 지새웁니다. 태어나 처음으로 부모님을 원망하기도 했네요. 부자가 되고 싶은 저 속물일까요?

Chan woo' Answer

대한민국 1퍼센트 부자들이라고 할 때, 그 1퍼센트가 몇 명인 줄 아는가?

부러운 게 당연하다. 부자들, 나도 부럽다. 자본주의 사회에서는 돈만 있으면 그게 뭐든 해보고 싶은 거 다해보며 살 수 있는데 어떻게 그게 안 부럽나. 근데 말이다, 그렇게 미치도록 부러우면 당신도 벌어라. 그만큼 벌기 위해 뭐라도 해야지 왜 부러워만 하고 있나?

벌고 싶어도 자본금이 없다고? 나 같은 놈한테 돈이 붙을 리 없다고? 그래서 뭘 해볼까 하는 생각도 안 든다고? 천만에. 내가 보기엔 당신, 자본금이 없어서가 아니라 나는 돈을 못 벌거라고 생각하는 그 생각 때문에 돈을 못 버는 거다. 이미 머릿속에서 돈주머니를 꽉 닫아놓고 있는데 그걸 어떻게 가질 수 있겠나. 그러면 죽어도 못 가진다. 지금은 그럴만한 상황이 안 되더라도 언젠가는 가져야지, 이런 생각을 해야 가질 수 있는 거다. 그러니까 당신한테 지금 밑천보다 더 필요한 건 나도 부자가 될 수 있다는 생각, 해봐야겠다는 생각, 그거다. 세상은 생각에 따라서 다르다. 세상에 쉬운 일도 없지만, 어려운 일도 의외로 쉽게 풀 수 있다고.

당신이 돈을 벌 수 없다고 생각하는 거, 부자가 될 수 없다고 생각하는 거, 아마도 그건 당신이 부자를 저 하늘의 별처럼 생각해서일거다. 부자는 내가 닿을 수 없는 거리에 있는 사람들이 부자인

게 아니다.

당신, 대한민국 1퍼센트 부자들이라고 할 때, 그 1퍼센트가 몇 명인지 아나? 500명? 5천 명? 얼마 안 되는 것처럼 생각하지만 무려 50만 명이다. 엄청 많지 않나? 나는 그 50만 중에 내가 못 낀다고 생각하면 창피하더라. 그냥 '부자들은 좋겠다', 이렇게만 생각하면 끝이다. '저 많은 사람들 중에 내가 못 들어가? 들어가야지.' 이렇게 생각하면 그게 부자가 되는 출발점이 된다.

당신이 변명하듯 말한 자본금이 없다? 이런 거 다 핑계다. 왜, 캐나다에 카일 맥도날드라는 친구도 있지 않나. 빨간 클립 한 개로 열네 번 물물교환해서 번듯한 집까지 장만한 청년. 정말 대단한 애다. 하면 된다는 의지 하나로 기적을 만들었으니까. 이런 친구들 내 주변엔 많다. '따따따'라고, 개그맨 김주현이 하는 여성 의류 쇼핑몰이 있다. 그 친구가 그거로 돈 벌어서 한남동에 100평대 초호화 빌라를 샀다. 집이 너무 커서 운동장처럼 딸하고 막 뛰어다닌다더라. 근데 주현이가 처음부터 돈이 있어서 시작한 게 아니다. 그 친구 결혼 당시 신혼집을 옥탑방에 차릴 정도로 형편이 어려웠다. '따따따'도 딱 100만 원 가지고 시작했다더라.

그 친구는 사업하면서 연예인 마인드를 싹 버렸다. 대학로에서 공연하면서도 새벽에 자기 와이프랑 동대문 나가 시장조사하고 직접 옷 떼러 다니고 그랬다. 쇼핑몰 하는 연예인들 많지만 어떤 연예인들은 시장에서 사람들 알아보고 그러는 게 귀찮아 시장조사 같은 거 꺼리는데, 주현인 그런 생각 버리고 완전히 장사꾼 마인드로 사업한 거다. 밤 아홉 시에 동대문 의류상가 가서 새벽 두세 시까지 예쁜 옷, 좋은 옷 찾으러 다닌 거지.

의류 쇼핑몰이라는 게 할 일이 굉장히 많은 것 같더라. 옷만 사오면 되는 게 아니다. 신상품 업데이트하고 메인 화면도 바꿔주고 그래야 한다. 김주현이 하루 두세 시간 자면서 매일 신상품 20개씩 업데이트하고 일주일에 한 번씩 메인 화면 바꾸고, 2년 동안 그걸 다 했다고 한다. 공연 끝나면 나가는 관객들에게 '따따따~ 따따따따~ 따따따~ 따따따따~ 따따따~' 박자에 맞추어 박수 치며, "도와주세요." 이렇게 홍보도 열심히 했고. 지금 '따따따'가 쇼핑몰 다섯 손가락 안에 드는데, 그렇게 된 게 다 이유가 있는 거다. 이제 그 친구 중국까지 진출할 거라 그러더라.

자기가 몸으로 움직이고 행하지 않으면 모든 게 그림의 떡이다. 어떻게 벌어요, 생각하면 못 번다. 벌 수 있다, 벌어야겠다, 생각해야지 번다. 뻔한 얘기 같지만 정말 그렇다니까. 당신이라고 부자가 못 되리란 법 없다. '따따따' 쇼핑몰, 당신이라고 못 하라는 법 없다.

정찬우 근데 너무 큰 부자들 부러워하지 말아요. 재산이 100억만 넘어도 친인척들이 들이댄대. 뭐 해 달라, 뭐 해 달라 그러면서. 그보다 많으면 주위가 얼마나 복잡해지고 머리가 아프겠어. 그리고 그렇게 돈이 많으면 좋아도 좋은 걸 몰라. 다 가질 수 있으니까. 자기 거보다 더 이상 좋은 게 없으니까. 그거 알아요? 정확한 금액은 모르겠는데 백 몇 십억만 있으면 세계 최고 갑부랑 똑같은 질의 생활을 할 수가 있대요. 근데 뭐 하러 그 이상 가져요. 부담만 되는 거지.

편집자 그렇긴 해도 돈이란 게 가질수록 욕심나지 않나요?

정찬우 나도 옛날엔 욕심이 많아서 재벌이 되고 싶었어요. 단순한 마음에 재벌 되면 후배들 끌어주자 이런 생각하면서. 근데 지금은 깐깐한 건물주가 꿈이야 꿈. 매월 25일 되면 월세 받으러 다닐 수 있는 건물주. 하하. 있잖아요, 대한민국에서 행복하게 사는 데는 5층짜리 건물 있는 거, 이게 최고예요. 최고.

편집자 저도 그만큼 있으면 돈에 더 욕심이 안 낼 거 같아요. 근데 그 건물 한 채를 갖는 게 힘든 일이잖아요.

정찬우 그렇게 생각하면 돈을 못 번다니까. 내가 저 건물을 가질 수 있다 이렇게 생각해야 건물주가 된다니까요. 길을 가다 보면 쭉쭉 뻗은 건물들 많잖아요. 저는 그 건물들 볼 때마다 와, 정말 잘사는 사람들 많다. 저걸 가진 사람들은 다 누굴까. 이런 생각 많이 해요. 건물마다 주인이 있을 테니까, 근데 막상 건물주들 만나보면 별거 없어요. 물론 그걸 갖기까지 각고의 노력을 한 사람도 있고 품성이 좋은 사람도 있겠지만, 앞뒤 막히고 이상한 사람들도 많더라고요. 내가 그 사람보다 못할 게 뭐 있나. 이런 생각 들어요. 저 사람도 갖는 건물 나라고 못 가질 게 뭔가. 이런 생각.

편집자 오우, 그 얘기 들으니까 갑자기 경매라도 배워서 건물주 되어야 할 것 같은데요.

정찬우 근데 경매 이런 건 한계가 있어요. 나는 운명, 기운 이런 걸 믿는 편인데 경매 그게 안 좋은 물건이잖아요. 경매로 나올 정도면 얼마나 쓰라림이 있는 집이겠어요. 그걸 인수해 되팔아서 차액을 남긴다고 그게 부러워할 일인가 싶어요. 이왕이면 좋은 기운의 땅, 좋은 기운의 건물 이런 걸 사야지.

Chapter 2

갑들에게
날리는
한방

【 상하관계 처세법 】

세상에 슈퍼 갑보다 더 센 슈퍼 을도 있는 법이다. 보통의 경우 감독이 배우를 캐스팅하지만 A
급 배우인 경우 그 반대의 경우도 있지 않은가. 어찌 보면 갑이냐 을이냐 이건 역할로 주어지는
게 아니라 그 사람의 역량으로 주어지는 거다. 그러니까 당신 슈퍼 갑의 횡포가 서럽거든 당신
의 실력을 키워 슈퍼 을로 거듭나라.

회식 때마다
술 강요하는
상사 때문에
미칠 거 같아요

Question 09

직장 생활을 하는 30대 초반의 남자입니다. 광고 회사에 다니다 보니 접대 차 술자리를 자주 갖게 되는데요. 일 때문에 억지로 마시는 술도 괴로운데 이 놈의 직장은 왜 이리 팀 회식도 잦은 건지 정말 힘드네요. 더군다나 바로 위 팀장님이 억지로 술 권하는 스타일이라서 매번 실랑이가 오가곤 합니다. 딱히 종교적 신념이 있다거나, 술을 먹으면 얼굴 붉어지면서 쓰러지는 체질이라서 안 먹는 건 아니고요. 술을 강요하는 분위기가 싫어서 먹고 싶지 않네요. 또 한 잔씩 나누다 보면 한 잔이 두 잔 되고 두 잔이 한 병 되는 건 순간인데, 술 도 안 먹으면서 그 시간을 버티려니 곤혹입니다. 상사 분들이 주시면 거절하 기도 어렵고, 그렇다고 간 안 좋다는 핑계도 한두 번이고요. 회식자리에서 술 지혜롭게 거절하는 방법 없을까요?

Chan woo' Answer

술잔을 거절하는 건 정도 거절하는 거다

상사가 권하는 술이 먹기 싫다? 그럼 먹지 말아야지. 먹기 싫은 술을 왜 먹나. 그러나 미움받긴 싫으니 거절하는 요령을 알려 달라? 세상에 그런 게 어딨나. 없다. 적어도 대한민국에선. 그렇게 막무가내로 술 먹이는 상사라면 당신이 어떤 말로 거절해도 기분 나빠할 확률, 백 퍼센트다.

그러나 이러지도 저러지도 못할 당신에게 한 가지 넘겨줄 팁은 있다. 딱 한 번, 그 사람과 거하게 마시고 쓰러져보라는 것. 물론 구토 동반이다. 딱 응급실행 직전까지만 가보라. 그 상사가 다시 당신에게 술 먹이는 일, 없다.

웃기는 문화, 없어져야할 문화지만 대한민국의 술 문화는 그렇다. 모두 망가질 때까지 마시면서 '한통속'이 되어가는 거다. 당신과는 반대로 술을 심하게 먹여 본 나는 당신 상사라는 사람의 마음을 대충 짐작할 수 있겠다. (오해는 마시라. 나도 이제는 맥주 글라스에 폭탄주 원샷이 두렵다.)

솔직히 한참 흥이 난 술자리에서 술잔을 높이 쳐들고 "달리자!"라고 외칠 때, "저는 내일 아침부터 등산 약속이 있어서요…"라고 말꼬리를 흐리는 후배들을 보면 제일 먼저 드는 생각은 이렇다.

'이 새끼 빼네, 사회성 떨어진다.'

그때부터 그 후배는 '거절하는 놈'이다. 술로 만나든 일로 만나든 그런 후배가 예뻐 보일 리 없다. 그러니까 당신이 그 상사의 술잔을 거절하는 일은 그 상사의 정을 거절하는 거다. 이게 당신이 상사와 그래도 한 번은 거한 술자리를 벌여주어야 할 이유다.

당신이 이렇게 말할 수도 있겠다. 나는 그 한 번의 술자리가 어렵다고. 그런 당신에게 말해주고 싶다. 세상사 모든 일이 생각하기 나름, 마음먹기 나름이라고. 마음을 바꾸어보시라. 왜 그런 거 있잖나. 예비 사위가 결혼 허락을 받기 위해 장인어른을 처음 보러 가는 마음. 그 마음으로 상사와 술자리를 가져보라.

장인어른과의 첫 술자리, 그거 괴롭다. 왜 아니겠나. 내가 사윗감으로 적당한지 아닌지 테스트를 받으러 가는 자리인데. 당신이 만약 그런 경험이 없다면 당신 상사와의 술자리보다 세네 배쯤 괴로울 것이라고 짐작하시면 되겠다.

내가 그랬다. 처음 장인어른을 만나러 가는 날, 꼭 이렇게 미리 만나 허락을 받아야 하나. 결혼식 날 인사드리면 안 되나? 그렇게 도망가고 싶은 마음, 충만했다. 그래도 대한민국 남자들, 예비 장인어른들을 만나러 간다. 주는 술을 다 받아먹는다. 쓰러질지언정. 아니, 쓰러질 때까지! 왜? 그에게 잘 보여야 당신이 공들인 그 여잘, 아내로 맞이할 수 있기 때문이다. 쓰러진 예비사위를 보며 장인어른은 생각한다.

'술 못 먹는 친구가 마음에 들려고 애쓰는구나. 이놈에게 내 딸 맡길 만하네.'

당신 역시 일을 하다 보면 깨닫게 되겠지만 일은 사람으로 통한다. 그래서 당신이 한껏 포부를 가지고 입사한 회사에 당신이 원하는 일을 펼치고 싶다면 일단 그 상사의 마음에 들어야 하는 것이 먼저다. 예비사위가 아내를 맞이하기 위해 장인어른의 마음에 들어야 하는 것처럼.

그렇다면 다음 술자리에도 장인어른이 사위에게 쓰러질 때까지 술을 먹일 것 같은가? 천만에. 당신 상사 역시 장인어른과 같은 마음일 것이다.

그런데, 당신이 정말 혼신을 다해 술자리 한판승을 벌였는데도 상사가 또 먹인다? 그건 살인미수다. 당신 상사가 그렇다면 '상사에게 잘 보이고 싶다.' 이딴 생각은 집어치워라. 목숨 걸고 일할 순 없잖나. 이제 당신은 그 상사를 제대로 한 방 먹이는 법을 고민해야 할 때다. 그 방법이 궁금하다고? 그렇다면 이 책 어느 지면에든 그 방법을 알려드리겠다. 그러니, 내 책 띄엄띄엄 읽지 말고 제대로 읽으시라.

팀장이 온종일 향수를 뿌려대서 코가 마비됐어요

Question 10

30대 초반의 직장 여성입니다. 저도 그렇게 깨끗하고 향기나는 사람은 아니지만, 그래도 그렇지 옆자리 남자 팀장님의 냄새는 차원이 다르네요. 차라리 다른 남자 직원들처럼 발 냄새가 나면 어쩔 수 없다 포기하겠지만, 이 분은 미친 듯이 향수를 뿌려댑니다. 미팅 전에도 '치이익~', 결재서류 받으러 가기 전에도 '치이익~', 스트레스 받으면 '치이익~' 도대체 남자가 무슨 향수를 그렇게 뿌려대는지 냄새가 지독하다 못해 구역질이 날 정도라니깐요. 그 분이 사무실에 있으면 냄새 때문에 일을 못할 지경입니다. 제가 신경이 예민한 탓도 있겠지만 한 번 그 쪽에 꽂히면 온종일 짜증만 치밀어 오르더라고요. 처음에는 나만 문제를 느끼나 싶어 참아보려고도 했지만, 우연히 휴게실에서 만난 다른 동료도 똑같은 고민을 토로하네요. 어떻게 하면 그 팀장님이 향수를 뿌리지 않게 할 수 있을까요?

Chan woo' Answer

당신 코가 좋아할 만한 향수를 선물하라

당신의 말 못할 고통, 그거 좀 알 것 같다. 나도 정말 싫어하는 냄새가 있는데, 사우나에서 쓰는 싸구려 스킨, 로션 냄새 그거다. 알코올 성분이 강해선지 냄새가 굉장히 지독하고 세다. 근데 그거 바르는 아저씨들은 마치 CF 주인공이라도 되는 것처럼 손바닥에 스킨을 듬뿍 덜어 양 손으로 비빈 다음 얼굴에 촤아, 뿌려대며 흐뭇하게 미소까지 짓는다. 좋은 거다. 그 아저씨들은. 그 순간이 바로 '신사의 품격'이 완성되는 시간인 거다. 다시 말해 나와 그들의 향수가 다른 거지. 옆에 있는 내가 그 냄새 때문에 심히 괴로워한다는 걸 그들은 꿈에도 모른다.

당신 팀장과 당신도 그런 거 아닐까. 팀장은 신사의 향기를 뿌린 거고, 당신은 그 냄새에 코가 마비된 거고. 상사니까 말도 못 하고 꾸~욱 참고 있어야 하는 당신의 마음 거기까진 짐작이 간다. 근데 그 팀장, 아무 잘못 없다. 그렇잖은가. 향수라는 게 순전히 개인 취향인데. 스파게티 좋아하는 사람이 청국장 좋아하는 사람 손가락질 할 수 있을까? 스테이크 좋아하는 사람이 홍어회 좋아하는 사람 구박해도 되는 걸까? 아니다. 각자 좋아하는 거 먹으면 된다.

팀장의 향수 냄새가 매일 비위를 건드리면 물론 힘들긴 하겠다. 하지만 왜 당신의 기준에서 상사의 취향을 끼워 맞추려고 하나. 그 사람 취향은 그 냄새라는 걸 인정해야지.

뭐 이 '상남자'다운 외모에 좀 안 어울리는 얘기겠다만 난 중학교 때 엄마 화장품을 썼다. 사춘기라 피부가 예민해졌을 때, 얼굴에 버짐이 펴서 뭘 발라야 하겠는데 아버지는 화장품을 안 바르셨던 터라 엄마 화장품밖에 없더라. 어쩔 수 없이 엄마 로션을 바르는데, 그게 너무 좋은 거다. 냄새도 좋고 당기지도 않고. 그래서 계속 엄마 화장품을 썼는데, 거기에 피부가 적응이 되어서 그런지 나중에는 남성용 화장품을 바르면 알코올 성분 때문에 얼굴이 쓰라려서 못 쓰겠더라고. 근데 친구들이 나한테 여자 냄새가 난다며 잔소리를 해대더라. 내가 좋아서 쓰겠다는데 왜들 그리 난리인 건지 이해할 수가 없더라고. 녀석들에게 딱 잘라 말했다.

"나, 집에 있는 엄마 화장품 써."

그러니까 '당신 팀장의 향기를 인정하라.' 이게 내 첫 번째 대답인 거다. 근데 말이다. 당신 팀장의 고약한 향수 냄새 때문에 정말, 정말, 진짜 정말 참기가 힘들고 일에 심각할 정도로 지장을 준다면 팀장의 성격에 따라 두 가지 방법을 생각해볼 수 있겠다.

먼저 그 팀장이 보수적이고 권위주의적이라면 당신이 직접 나서지 마라. 이런 사람들에겐 함부로 말 꺼내면 안 된다. 직언이랍시고 했다가는 찍히기 십상이니까. 누군가 총대를 대신 메주는 수밖에 없는데 퇴사를 앞두고 있거나 그 상사와 업무적으로 엮이지 않은 다른 부서의 강심장을 섭외해라. 어차피 나갈 사람들이 나서는 거다.

"팀장님, 향수 뭐 쓰세요? 그 향수는 직장용으로는 냄새가 너무 독특한 것 같아요. 일하다 말고 그 향에 대해 자꾸 생각하게 만들 거든요. 직원들의 업무 집중을 위해 다른 향수로 한번 바꿔보시는 게 어떨까요?" 이 정도면 보수적인 팀장이라도 한 번쯤은 생각해 보지 않을까. 아니면 할 수 없는 거고. 거기까진 책임 못 진다.

불행 중 다행으로 성품이 유한 팀장이라면 여러 가지 솔루션이 가능하겠다. 당신이 먼저 향이 좋은 향수를 뿌리고 출근해서는 상사에게 묻는 거다. "팀장님, 이 향수 어떠세요? 괜찮지 않아요?"

이렇게 말하는데 기분 나빠할 사람은 없을 거다. 직원들이 그 팀장에게 향수를 선물하는 것도 좋은 방법이겠다. 좀 더 적극적인 솔루션이 되겠지.

"팀장님, 향수 좋아하시죠. 요즘 이 향수가 대세래요. 이거 한번 써보세요." 애교 있게 말씀드리고 짠, 향수를 내밀면 그 상사 한번 써보려고 하지 않을까. 여하튼 어떤 방식으로든 액션을 취해야지, 뒷담화만 하는 건 누구에게도 도움이 되지 않는다.

Question 11

갑자기 버럭 소리 지르는 상사 때문에 스트레스입니다

중소기업에 다니는 직장 여성입니다. 다들 한가족처럼 편하게 지내는 분위기인데요. 유독 한 과장님이 욱하는 성격이라 너무 괴롭네요. 지난번에는 기획안을 써오라고 해서 갖고 갔더니 제 앞에서 스윽~ 훑어보고는 그대로 돌려주더라고요. 볼 필요도 없겠다, 다시 써와라 이런 거지요. 얼마나 기분이 나쁘던지. 저도 그 순간은 참기 힘들어 기분 나쁜 표정을 지었는데 이 과장님이 갑자기 큰 소리로 버럭 고함을 지르는 겁니다. 내 태도가 마음에 안 든다는 거죠. 근데 문제는 이렇게 소리 지르는 일이 한두 번이 아니라는 겁니다. 특별히 화낼 일이 아닌데도 마치 모든 스트레스를 나한테 풀어버리겠다는 듯 매번 소리를 질러댑니다. 처음에는 몇 번 참으면 괜찮겠지 생각했는데, 시간이 지날수록 과장님의 목소리는 점점 커져만 가네요. 작은 일에도 버럭 고함을 지르는 상사, 어떻게 대처해야 할까요?

상사가 '버럭'할 때마다 소스라치게 놀라봐라

이거 방법 없다. 정말 힘들면 그만 두던가, 아니면 당신이 참든 가. 동료도 아니고 상사인데 "팀장님, 제 심장은 여리디 여리니까 목소리 좀 낮춰주시겠어요?" 이렇게 말할 순 없잖나. 그렇다고 같 이 버럭버럭 소리를 지를 수도 없는 일이고. 이러다간 당신, 들 것 에 실려 병원 간다.

그래도 당신이 너무 괴로워하는 거 같으니, 내가 서비스 멘트로 지인에게 들은 얘길 해주면 이렇다. 이 친구 상사 역시 당신의 상 사처럼 버럭 상사였는데, 이 친구는 상사가 소리를 지를 때마다 소 스라치게 놀라는 척을 했단다. 리액션을 아주 크게 한 거지. 그렇 게 몇 번 할리우드 액션 저리 가라 할 만큼 화려한 리액션을 보여 줬더니 다음부턴 버럭 하려다 목소리를 좀 줄이더라는 거다.

뭐 이게 근본적인 해결책은 아니겠다만 사람에 따라서는 그렇게 가볍게 해결할 수도 있는 모양이더라. 이런 센스 부려보는 건 어떨 까? 이 리액션이 당신의 상사에게 통할지 안 통할지, 거기까진 모 르겠다만.

그런데 말이다. 혹여라도 당신, 내 말 듣고 연기라도 해볼 요량이 면 제대로 연습 좀 하고 해라. 어색하게 했다가 더 혼나지 말고.

Question 12

회사에 하도 지독하게 일을 시켜서 '독사'라고 불리는 팀장이 한 명 있는데요. 얼마나 일을 막무가내로 시키는지 프로젝트가 시작되면 매일 야근은 기본이고, 휴일 근무 역시 너무 당연하게 생각합니다. 회사 상황이 어렵다는 것도 알고 그렇게 열심히 하니까 당연히 그 팀의 실적이 가장 좋긴 합니다만 팀원들은 너무 괴로워합니다. 그런데 공교롭게도 제가 그 팀장 밑으로 발령이 나고 말았네요. 첫날부터 얼마나 달달 볶아대는지 괴로운 마음에 직장 동료와 화장실에서 열심히 뒷담화를 했는데요. 문을 벌컥 열고 나오는 그녀를 보곤 모두 '일동 차렷' 얼음처럼 굳어버리고 말았습니다. 화장실 안에 그녀가 있었던 거죠. 근데 팀장님 성격에 바로 버럭 화를 낼 줄 알았는데 충격이 심했는지 아무 말이 없네요. 상사 뒷담화를 하다 들켜버린 저, 어떻게 해야 할까요?

Chan woo' Answer

그 상사도 당신 같은 시절엔 뒷담화했을 거다

이미 엎질러진 물, 사과부터 해라. 최대한 빨리, 진심을 담아서. 그 사람이라고 당신 같은 시절에 윗사람 뒷담화 한 번 안 해봤겠나. 속 좁은 인간 아니면 당신 사과 받아줄 거다. 속으로 생각하겠지. '쟤 기본이 아주 없진 않네.' 직접 말하는 게 어려우면 손으로 쓴 편지도 괜찮겠다. 요즘 같은 디지털 시대, 손편지 은근히 감동이거든. 부디 당신들과 그 독한 상사와의 '샤랄라라' 한 화해가 이루어지길 빌겠다.

그리고 말이다. 나는 당신이 이제 그 상사 뒷담화는 접었으면 좋겠다. 직장생활 하다 보면 상사 욕할 일 수백 수만 가지도 넘을 거다. 깐깐하다, 지독하다, 너무 부려먹는다, 누구만 편애한다, 트집쟁이다, 고집불통이다, 간섭이 심하다, 월급을 거저먹는다 등등.

근데 당신 상사는 당신도 인정하는 바, 그 프로젝트를 잘해내기 위해서 당신들을 쪼는 거 아닌가. 결국은 회사도 상사도 당신도 다 좋자고 하는 일인 거니까 다른 건 몰라도 그 부분은 욕해야 할 일 아니라 당신이 감당해야 할 일인 거다. 그 회사의 직원으로서, 그 팀장의 팀원으로서. 어차피 그 상사가 그 불만을 알아도 회사의 상황이 어렵다면 수정 불가할 거고.

그게 그렇더라. 그 자리에서 독하게 해야 조직이 잘 돌아가고 일이 문제없이 굴러간다. 그래서 그 자리에 있는 사람들이 자꾸 부하 직원들 쪼는 거라고. 이상한 게, 마음 좋은 사람이 얘기를 하면 일이 더딘데 지독한 사람이 얘기를 하면 일이 일사천리로 돌아가거든. 지랄 같은 선배가 뭐 하라 그러면 지체 없이 하고, 성격 좋은 선배가 뭐 하라 그러면 늑장부리다 한다. 독한 사람이 있어야 조직이 제대로 돌아간다니까.

당신 상사도 회사를 위해 악역을 맡고 있는 거다. 그렇게 이해를 하라고. 회사가 잘 되면 당신들도 좋은 거니까.

정|찬|우|의|혼|잣|말
아 들 연 필 로 씁 니 다

　2010년 남아공 월드컵 때였다. SBS 정순영 국장님의 제안으로 연예인 여럿이 방송 진행 차 원정 응원을 갔었다. 빡빡한 일정이었다. 스물네 시간 비행기를 타고 갔는데, 공항에 도착하자마자 경기장으로 직행해 응원을 했으니까.

　그날 나이지리아와의 경기에서 두 시간 동안 '대~한민국'을 얼마나 외쳐댔는지. 잠도 못 잤는데 피곤한 줄도 모르겠더라. 근데 그날 우리의 그 열렬한 응원 때문이었을까? 한국이 16강에 진출한 거다. 뜻밖의 결과에 완전 흥분해서 숙소에 도착했다. 그러곤 현지 방송팀 스태프들이 다 모여서 회식을 했다.

　술을 먹기 시작했는데, 나처럼 술 좋아하는 놈이 가만있었겠나. 엄청 마셨다. 남아공 술인데, 달달한 게 캐러멜 향이 나는 술이 있더라. 겁나게 마시고 딱 세 시간 자고 일어났다. 〈두시탈출 컬투쇼〉 시간에 태균이와 전화 인터뷰를 하기로 했으니까. 근데 그놈의 술이 원수였다. 아직 술이 덜 깬 상태로 전화에 대고 내가 이렇게 지껄인 거다.

　"태균 씨~ 나 지금 침대에 누워 있어요. 침대가 나를 묻어 버렸어요~"

　"정찬우 씨, 현지에서 응원할 때 상대 팀 부부젤라 소리가 얼마나 컸어요?"

"부부만큼 컸어요."

"언제 출발해요?"

"저요? 비행기가 날 부를 때요."

"비행기가 어떻게 불러요? 형을."

"부부젤라로요."

횡설수설.

태균이가 이 형 취했구나, 눈치채고 '그럼 시간 관계상 이만 끊 겠습니다' 하며 전화를 끊으려고 하는데 내가 반말로 소리치며 대 박을 터뜨렸다.

"야~야~ 너 지금 나한테 짜증 내냐?"

그곳에선 몰랐는데, 서울 와 보니까 내 이름이 인터넷 실시간 검 색어 순위 맨 꼭대기에 등실등실 떠 있는 거다. 그것도 사흘 연속.

'정찬우 음주방송.'

그나마 다행이었던 건, 조각처럼 잘생긴 모배우가 뺑소니 사고 를 치는 바람에 완전히 묻혀버렸다는 거.

방송국에선 난리가 났었다. 그땐 정말 미안하더라. 태균이하고 라디오 스태프들한테 제일 미안했다. 무슨 잘못이야, 그 사람들이. 가족들한테도 그렇고.

그래서 편지를 썼다. 그냥 손편지를 써야겠다는 생각이 들더라. 방에 들어가 새벽에 아들 연필 들고 A4 용지에다 빽빽하게, 진짜 빽빽하게 편지를 썼다. 내 감정을 솔직히 담아서. 잘 쓰는 글쎈 아

니지만 그땐 그러고 싶었다. 그러곤 다음날 그 편지를 들고 방송국
으로 갔는데 마침 국장님이 내려와 있는 거다.

"죄송합니다."

완전 대역죄인처럼 고개 숙이고 사과를 하는데 국장님이 나한테
방송국에서 작성한 거라며 사과문을 내밀더라. 방송으로 내보낼
거라나. 대충 읽어보니까 너무 딱딱하더라. 본 방송국이 어쩌고저
쩌고……. 너무 싫더라. 진심은 하나도 안 느껴지고 완전히 형식적
인 그 사과문.

"국장님, 제가 사과문을 써왔습니다. 이걸 읽으면 안 되겠습니
까?" 그랬더니 국장님이 내가 써온 사과문을 보자는 거다. 근데 쑥
스러워서 못 보여주겠더라고.

"그냥 읽겠습니다."

"안 돼."

"그냥 읽게 해주십시오."

"안 돼."

나중엔 국장님이 읽어보지도 않고 내가 써온 사과문이 너무 길
다며 말리더라. 한 5분쯤 그 국장님과 실랑이를 벌였다. 그러다 생
방송 시간이 된 거다. 이젠 어쩔 수 없게 된 거. 스튜디오 들어가서
내가 쓴 글을 읽었다.

"진심으로 사과의 말씀을 드리며 읽겠습니다. 이 글을 새벽 세시
에 씁니다. 제 아들 방에서 아들의 연필로 씁니다. 여러분의 사랑
을 당연하게 받아들였던 제 오만함이 이렇게 만들었던 거 같습니

다. 죄송합니다……."

　근데 신기하게도 그 다음부터 인터넷에 도배되었던 나에 대한
비난 댓글들이 싹 사라지더라. 그때 느낀 게 있다. 진심은 통한다
는 것. 진심으로 사과하면 진심으로 받아주더라.

진상 떠는
'슈퍼 갑'
대처 방법은?

Question 13

최근 화제가 된 슈퍼 갑 얘기를 들으면 정말 울분이 터지는데요. 한 대기업 임원이 여승무원에게 라면 제대로 안 끓여왔다고 폭행한 사건이나, 어느 우유 회사에서 대리점 업주들에게 폭언을 일삼으며 물건을 떠넘긴 사건 말입니다. 근데 그게 남의 일이 아닙니다. 저는 작은 건축 사무소에서 디자인 설계 일을 하고 있습니다. 주 업무가 고객과 만나 원하는 방향으로 설계도면을 그려준 후에, 원하는 건축물이 완성될 때까지 시공업자들과 고객 사이를 연결해주는 일인데요. 얼마나 까다롭게 굴며 무시하는 고객이 많은지. 본인이 말한 대로 작업한 건데 왜 이딴 식으로 만든 거냐고 따질 때면 정말 할 말이 없더라고요. 작은 건축 사무소이다 보니 일거리를 주는 갑에게 따질 수도 없고 속으로 꾹꾹 참을 뿐입니다. 주변 사람들도 이런 슈퍼 갑들 때문에 너무 힘들다고 하소연이고요. 그들을 상대하는 특별한 대처법 없을까요?

Chan woo' Answer

슈퍼 갑보다 더 센 슈퍼 을도 있는 법이다

세상에는 진짜 괜찮은 슈퍼 갑의 품격을 떨어뜨리는 '미친' 슈퍼 갑들이 많다. 나도 살면서 그런 미친 슈퍼 갑들 많이 만났다. 근데 나는 여태 나의 슈퍼 갑이었던 사람들한테 지지 않았다. 내 슈퍼 갑이 정말 불합리하게 나오면, 나는 그냥 뭐 대들었다. 굽히지 않았다. 그러다가 대박 히트한 개그 프로그램에서 잘린 경험(더 정확하게 말하면 일부러 잘린 경험)도 있다만.

내가 공부를 많이 한 놈도 아니고, 당신한테 할 수 있는 조언이란 게 결국 내 경험을 바탕으로 하는 건데, 이 경우 내 경험대로 말하자면 답은 하나다. 슈퍼 갑이 참을 수 없이 불합리하게 나온다면 굽실굽실 굽히지 말라는 거. 이런 미친 슈퍼 갑에게 굽히는 게 버릇되면 뭐가 문제인 줄 아는가? 당신이 그 자리에 서게 되었을 때, 당신 역시 미친 슈퍼 갑이 된다는 거다.

지금 당신을 괴롭히는 그 슈퍼 갑, 실은 당신과 같은 시절에 되게 많이 굽실거렸던 사람일 수 있다. 그렇게 굽실거렸던 사람이 그 자리에 올라갔을 때 자기가 당한 만큼 더 많이 누리고 싶어서, 그런 미친 슈퍼 갑이 된 것일지도 모른다. 그 시절 당당했던 사람이 그런 미친 슈퍼 갑이 될 리 없다.

그러니까 당신이 나중에 멋진 슈퍼 갑이 되기 위해서라도 불합리한 대우에 무조건 굽실거리지 마라.(뭐 그렇다고 아무 개념 없이 슈퍼 갑을 막 대해라, 이런 소린 아니니 잘 알아들으시고.)

그리고 말이다. 을이 갑에게 맞추어야 한다. 이런 생각도 버려라. 세상에 슈퍼 갑보다 더 센 슈퍼 을도 있는 법이다. 예를 들어 이런 거다. 감독과 배우가 있다. 보통의 경우 감독이 배우를 캐스팅하지만 A급 배우인 경우 그 반대의 경우도 있지 않은가.

어찌 보면 갑이냐 을이냐 이건 역할로 주어지는 게 아니라 그 사람의 역량으로 주어지는 거다. 그러니까 당신 슈퍼 갑의 횡포가 서럽거든 당신의 실력을 키워 슈퍼 을로 거듭나라.

김작가 일부러 잘린 경험도 있나보네.

정찬우 M사에서 ×××× ××할 때요. ××× 국장님이 날 예뻐하긴 했어. 맨날 다른 사람한테 찬우 연기하는 것 좀 봐라. 이런 얘기 많이 했거든. 근데 그 국장님이 코너 녹화할 때 꼭 오후 두 시까지 오라고 해. 그래서 두 시까지 가면 우리 코너를 꼭 세 시부터 하는 거예요. 한 시간을 기다려야 하는 거지. 국장님은 그동안 자기 얘기만 계속 늘어놓는 거예요. 한 시간이고 두 시간이고.

(크하하하)

정찬우 그러고 있는데 스타가 딱 들어와. 그러면 그 사람 코너를 먼저 해. 그 밑에 나머지 급들은 코너 진행 못하고 앉아 있어야 해. 짜증나는 거지. 그때 난 컬트 삼총사 대본을 썼거든요. 우리가 직접 대본을 썼어요. 그래서 그쪽에 만날 회의가 잡혀 있는데 국장님 얘기 들어주느라 회의에 못 가는 거야. 애들한테 너무 미안한 거지, 의리를 지키고 싶은데. 나중엔 도저히 못 하겠는 거야. 불합리하니까. 잘려야겠다. 생각했지.

편집자 그래서요?

정찬우 어느 날 두 시에 오라는데 세 시에 갔어. 어차피 내 코너는 세 시에 하니까. 그렇게 세 시에 세 번을 갔더니 국장님이 화를 내는 거야. "너 이 새끼 왜 세 시에 와?" "만날 두 시에 오라고 하시는데 내 코너는 세 시에 들어가서 그랬어요." "이 새끼 미친 거 아냐?" 막 상욕을 하더라고. 그러고 있는데 누가 왔어. 대본 얘기하고 그러기에 내가 그랬지. "잠깐 가보겠습니다. 컬트 삼총사 대본 회의가 있어서." 국장님이 깜짝 놀라더라고. "야, 이 새끼야." 이러는데 "어차피 지금 들어가는 거 아니니까 이따 우리 거 할 때 부르면 오겠습니다." 그러고 나갔지.

그 다음 주에 잘렸어요. 뭐 어떤 사람들은 나를 꼴통이라고 할지도 모르겠는데. 그러거나 말거나. 버릴 수 있는 용기도 있어야 자존심도 지키고 갑들에게도 당당할 수 있는 거더라고요.

편집자 오오~ 이런 얘기 써도 되는 거예요?

정찬우 뭐 우리끼린 워낙 유명한 얘긴데… 실명 쓰진 말고요.

어린 고참한테
찍혀서
군 생활이
너무 괴롭습니다

입대한 지 몇 개월 된 신참입니다. 내무반에 저보다 나이 어린 고참이 하나 있는데요. 처음 들어온 날부터 절 찍더니 인정사정없이 괴롭히네요. 오히려 저보다 나이 많은 고참들도 가만히 있는데 말이죠. 차라리 한 대 때리고 말면 마음이라도 편하겠는데, 계속 말로 갈구고, 자려고 누우면 귀에다가 욕설을 퍼부어서 밤새 못 자게 하고, 아는 여동생들 없냐고 집요하게 물어봅니다. 참다 참다 너무 괴로워서 백일 휴가 복귀하고 소대장님께 말씀드렸는데요. 그날 뿐입니다. 일주일쯤 지나자 저보고 겁 없이 고자질했다며 더 심하게 갈구더라고요. 군 생활 각오하라고 협박까지 하면서요. 억울하고 분해서 잠도 못 자네요. 이런 지옥 같은 군 생활을 잘 견디는 방법 있을까요?

【 갑돌에게 날리는 한 방 상하관계 처세법 】

Chan woo' Answer

빡센 군 생활이 주는 것도 있더라

당신이 겪는 서러움 충분히 안다. 나도 다 겪어봤으니까. 그것도 빡세기로 유명한 수색대에서. 내 군대 시절 얘기도 해볼까?

처음 군대 들어갔을 때 2주 동안 군에서 아무것도 안 시키더라. 그냥 차렷 자세로만 앉아 있으라고 하더라. 그렇게 2주 지나고 15일 되는 날 고참이 나를 불러내더니 느닷없이 구타를 하는 거다. 그러고는 "네가 왜 맞는지 아냐?" 묻더라. "모르겠습니다!" 그랬더니 나를 내무반으로 데리고 들어가 침상을 딱 가리키면서 또 묻는거다. "모자가 어떻게 돼 있나?" "비뚤어져 있습니다!" "왜 비뚤어져 있나? 그래서 네가 맞은 거다."

어이가 없더라. 모자가 좀 비뚤어져 있을 수도 있지, 왜 때리느냐고. 그래서 그때 다짐을 했다. 내가 고참이 되면 절대 이런 거로 애들 때리지 말아야지. 근데 막상 내가 고참이 되니까 모자 삐뚤어져 있는 게 그렇게 눈에 거슬리더라. 우스운 일이지. 세뇌가 무섭다는 걸 그때 알았다.

어느 날은 똥 쌌다고 맞은 적도 있다. 일병 때인데 토요일에 외박 나가 술 마시다가 우리 중대 애들이랑 1중대 애들이랑 싸움판이 벌어졌다. 근데 1중대 애들이 우리 애들한테 맞은 거다. 중대 간에 분위기 완전 살벌해지더라. 그런 일이 있은 후에 내가 위병을 서는 날이었다. 그 날 눈이 와서 눈 쓸려고 나갔는데 똥이 마렵더라. 위병소(경비나 순찰을 도는 위병들이 머무르는 곳)바로 옆에 있는 1중대 화장실에 가서 똥을 쌌다. 젤 가까우니까.

시원하게 싸고 나왔더니 원래 나랑 친했던 1중대 병장 하나가 시비를 거는 거다. 왜 우리 화장실에서 똥 쌌냐고.

"왜 그러십니까? 청소하다가 너무 급해서 그랬습니다!"

이렇게 대답하는데 글쎄 그 말 끝나기도 전에 싸대기가 날아오더라. 나보다 한참 어린 애가 병장이라고 막 패더라니까. 야, 똥도 아무 데나 못 싸는구나. 그때 너무 서러워 욕이 저절로 나오더라.

"이 ××새끼 어떻게 똥 쌌다고 때리냐? 어린 새끼가."

빗자루 들고 펑펑 울었다. 지금 생각하니 좀 웃긴데, 그때 그 더러운 기분을 잊을 수가 없다.

생각해보니 화장실 변기 닦는 고무장갑으로 맞아보기도 했다. 일병 시절 점오 끝나고 나면 우리가 대대장 화장실 청소를 했었다. 청소하려고 양동이에 물 받아 화장실 가면 슬레이트 지붕에 그 전날 넣어놓고 간 고무장갑이랑 걸레가 있었는데, 그 고무장갑을 끼고 걸레를 빨아서 화장실 청소를 했다. 그 당시 화장실은 푸세식이라 여름이면 구더기도 있고 장난 아니었는데 글쎄 별다른 이유 없이 애송이 같은 고참들이 똥 닦고 걸레 빤 고무장갑으로 뺨을 막 때리는 거다. 모멸감 팍팍 주면서. 차라리 몽둥이로 맞는 게 낫지, 똥 냄새 나는 고무장갑으로 뺨 때리는 거, 그거 말이 되나?

그때 아버지는 돌아가신 상황이었지, 집안은 다 망해서 엉망진창이었지, 안 그래도 힘든데 그 어린 고참한테 그렇게 당하고 나니까 정말 기가 막히더라. 사흘 동안 아침도 못 먹었다. 비위 상하고 서러워서.

군대 생활, 당신 말처럼 참 불합리하고 억울한 거 많다. 근데 그렇더라. 그런 군대 안에서의 상황이 바람직하다고 말하는 건 아니다만 군대에서 그런 일들을 견뎌내고 나니까 얻어지는 건 분명 있더라. 뭐 말하자면 고통스럽고 쓰라린 시간을 이겨낼 수 있는 능력? 이런 거.

상처 난 자리에 흉이 남고 흉이 남은 자리가 더 딱딱하고 단단해지잖아. 이런 걸 아픈 만큼 성숙해지고, 고통만큼 강해진다고 그러나. 아무튼 그렇게 빡세게 군 생활을 하고 나니까 사회생활하면서 겪어야 하는 서러움, 그게 별거 아닌 것처럼 여겨지더라고. 만약 그 시절 군 생활 편하게 하고 부모님 면회 자주 오시고 그랬다면 인간으로선 별로 크지 못했을 거 같다.

어렸을 땐 내가 군대에서 온갖 더러운 꼴 당하면서 허송세월 했다고 생각했는데, 나이 마흔이 넘으니까 뭘 해도 할 수 있을 것 같은 자신감의 밑거름이 거기서부터 시작된 거구나 이런 생각이 들더라.

2, 3년 전인가? 소극장 공연을 3개월 동안 100회까지 한 적 있었는데 한 달 지났을 때 하필 감기가 걸린 거다. 감기는 낫지 않고, 두 달 몸살 난 상태로 콧물 흘리면서 매일 공연했었다. 몸도 그렇지만 심적으로도 너무 힘든 때였는데 어떻게 어떻게 공연을 완주하고 나서 그런 생각이 들더라. 군대에서 박힌 단단함으로 내가 또 이겨

냈구나, 이런 생각.

이런 내 경험이 당신의 질문에 시원한 답이 되진 못할 것 같다. 그래도 이왕 견뎌야 하는 거 뭐라도 얻어서 나오자, 이런 바른 사나이 마인드로 군 생활 열심히 하길 바란다. 나도 군대가 가기 싫긴 했어도 가서 할 땐 열심히 했으니까.

근데 말이다, 당신에게 이런 말을 하는 나도 누군가 다시 군대 가라고 하면, 그건, 정말이지, 절대 못 하겠다.(그러고 보면 역시 싸이는 대단해!)

김작가 수색대 뜻이 수색해서 수색대야?

정찬우 각 연대 별로 수색대가 하나씩 있어요. 특수 임무를 띤 부대지. 우리 부대 같은 경우는 적의 위치를 파악해서 병력을 차단하는 부대였어요. 어려운 부대였지. 군기도 세고. 우리 부대에서 천리 행군 한번 하면 넋이 나가요. 10월에 행군해도 전투복을 못 입어요. 너무 더워서. 다 걷고 옷을 걷으면 옷에서 소금이 후두두두~ 막 떨어져. 내 몸에서 나온 소금이지. 그걸 보면 인간이 못할 게 없구나, 싶어.

김작가 주로 산을 걷는 건가?

정찬우 천리 행군은 총 400킬로미터를 걸어요. 매일 할당량이 있어. 오늘은 40킬로미터, 내일은 80킬로미터. 사단에서 지정한 길이 있는데, 선임하사들이 머리를 써서 지름길로 갈 때가 있어요. 그러면 험한 산을 넘기도 해요. 강원도 산, 장난 아니잖아. 10월 말쯤 행군을 하면 눈 쌓인 산을 넘을 때도 있어요. 그럼 군장을 메고 내리막에 눈길을 막 미끄럼 타고 내려가는 거야. 골 때리는 일 많아요.

김작가 며칠이나 걸려?

정찬우 10박 11일 걸려요. 텐트 치고 자면서. 행군을 하다 보면 정말 웃긴 일들이 많아요. 밥을 해 먹으려면 물이 필요하니까 항상 물가에 텐트를 치고 자는데 한번은 도로 옆 개천에 텐트를 치고 잤어. 개천 옆에서 야영을 한 거지. 아침 6시쯤 되니까 텐트에서 시커멓고 부스스한 놈들이 한 놈 두 놈 기어 나오기 시작해. 똥 싸러. 똥 싸고, 밥 먹고, 7시 출발. 이 순서거든. 1개 대대가 행군을 했으니까 400명쯤 되는데, 한 300명이 도롯가에 1미터 간격으로 쫙 앉아서 똥을 싸는 거야. 뿌드덕 뿌드덕. 그 길이 똥밭이 되는 거야. 똥밭. 똥 냄새 쫙 퍼지면서. 얼마나 웃긴데, 장관이야. 하하.

눈을 무섭게
뜨고 똑바로
쳐다보는 사람
어떻게
대처하죠?

우리 부서에 유독 눈을 무섭게 뜨고 똑바로 쳐다보는 사람이 있습니다. 왜 그러는 걸까요? 얼마 전에 다른 회사에서 일 잘하기로 소문이 나서 스카우트되어 온 차장님인데요. 새로 자리를 잡은 만큼 기선제압을 하고 싶어서 그런 건지 아니면 원래 그런 습관이 있는 건지 모르겠지만 가끔 눈이 튀어나올 정도로 무섭게 쳐다봅니다. 처음에는 아무렇지도 않게 넘기려고 했는데, 자꾸 무섭게 쳐다보니까 엄청 신경 쓰이네요. 사무실 공간도 좁은데 그 차장님을 의식하려니 행동도 부자연스러워지는 거 같고 괜히 회사에 오면 기가 죽어 말도 제대로 못 합니다. 맞대응하다 보면 괜히 기 싸움이 되거나 시비가 붙을까 봐 피하고 있는데요. 저 어떻게 해야 할까요?

당신의 배짱을 키워라

이런 말 미안하다만, 당신 질문 때문에 나 크게 한번 웃었다. 이런 게 고민이 되는구나. 근데 모르긴 몰라도 이런 질문한 당신, 아마도 기가 약한 사람일 거다. 당신도 같이 쳐다보면서 얘기하면 되지, 그게 뭐가 문제일까? 그 사람이 쳐다볼 이유, 뭐가 있겠나. 직장 동료인데 싸우자는 건 아닐 거 아닌가. 만약 당신의 상상대로 악의를 가지고 그렇게 쳐다보는 것 같으면 그건 물어봐야지. "왜 째려봐요?" 이렇게.

근데 내가 볼 땐 그런 게 아닌 것 같다. 이건 그냥 당신이 기가 약하고 겁이 많은 것 같다고. 사람이 대화를 나눌 때 눈을 보는 건 굉장히 자연스러운 일 아닌가? 눈이 아니면 어디를 보고 말을 하나. 인중 보면서 얘기할 수 없지 않은가. 그러니까 직장 동료가 똑바로 쳐다보는 게 부담스럽다. 당신이 이렇게 느끼는 건 십중팔구 자신감의 문제일 거다. 배짱이 없는 거지.

만약 내 진단이 맞는다면, 당신이 기가 눌린 이유, 그건 당신보다 그 사람이 크다고 생각하기 때문이다. 그리고 그렇게 생각하게 된 이유는 당신 안에 중심이 없어서고. 그거 아는가. 사람에게는 각자의 중심이라는 게 있는 거다. 이걸 개성이라고 이름 붙일 수도 있겠고, 강점이라고도 이름 붙일 수 있겠고, 자신감이라고 이름 붙일 수도 있겠다. 아무튼 사람에게는 각자의 중심이라는 게 있는데 이

걸 키워야 기가 생기고 배짱이 생긴다. 당신이 배짱이 없는 건 그 걸 못 키워서 그러는 거다.

당신의 중심을 키우면 누굴 만나든 당당해질 수 있다. 사실 사람 이 사람에게 기죽을 이유는 없는 거다. 자기보다 지위가 높은 사 람을 만나도 마찬가지다. 당신이 어떤 사람을 처음 만났다고 하자. 이 사람이 나이가 많고 잘 나가는 기업 임원이다. 그러면 그 사람 의 살아온 인생과 노력은 인정해줘야겠지만 그것 때문에 당신이 기죽을 필요는 없다는 거다. 그 사람과 똑바로 눈 맞추고 "안녕하 십니까. 저는 어디에서 무슨 일을 하는 누구입니다." 배짱 좋게 말 하면 된다. 내가 그 사람보다 작은 일을 하고 있다고 해서 '난 저 사람보다 못난 사람이야.' 이건 아니라는 거다.

떳떳하게 내가 내 일을 하고 있는데 왜 그러나. 그 사람이 나보다 오래 살았고, 배경도 빵빵하고, 사회적 지위도 훨씬 높다? 그게 뭐 어떻다고. 나보다 약간 나은 삶을 살고 있는 거지. 나는 아직 어린 데, 기회를 그만큼 못 가졌는데 어떻게 그 사람처럼 되나. 단번에. 그건 불가능한 일이다.

당신 안의 중심을 세워라. 그리고 당신 직장 동료가 눈을 똑바로 뜨고 쳐다본다? 그러면 당신도 똑같이 똑바로 쳐다봐라. 아랫배에 힘 딱 주고 레이저 팍 쏘는 거다. 돈이 들어, 준비물이 필요해, 그냥 눈에 기운을 모아서 쳐다보기만 하면 되는 거다. 절대 기죽을 필요 없다.

Chapter 3

당신 능력
사용설명서

【 자기 능력 계발하기 】

나는 신동엽의 천재성을 인정하지만, 그런 신동엽이라도 라디오에선 컬투를 못 이길 거고, 공연에선 컬투를 못 이길 거다. 그게 컬투의 재능, 나의 재능인 거다. 나는 그래서 신동엽을 마음껏 부러워해도 내가 초라해지지 않는다. 당신이 직장 동료의 재능을 인정하는 거, 그거 참 좋은 태도다. 멋지다. 근데 나는 당신이 당신의 재능도 인정했으면 한다.

"근데 나는
싸이처럼
되고 싶기는
않더라"

잘 나가는 동료를 부러워하는 저, 찌질한 걸까요?

30대 직장인으로 영업직에 근무하고 있습니다. 지금 직장에 들어와 일한지는 4년이 좀 넘었고요. 보험회사 영업사원들처럼 그달의 실적만큼 월급을 받는 건 아니지만, 거래처 관리부터 신규 사업 유치까지 자신의 능력에 따라 인정을 받을 수 있다는 점이 매력적으로 느껴졌습니다. 근데 같이 일하는 동료 중에 정말 일을 잘하는 사람이 한 명 있어 늘 비교를 당하네요. 외모도 호감형으로 잘 생긴데다가 거래처 사장님들께 얼마나 싹싹하게 구는지, 누구나 한번 만나면 자기편으로 만드는 친구입니다. 처음에는 허물없이 퇴근길에 술도 한잔하고 그랬는데 지금은 일부러 피하고 있습니다. 실적도 실적이지만 상사들의 관심이 모두 이 친구에게 쏠리니 제 자신이 너무 초라하게 느껴지더라고요. 무슨 일을 해도 이 친구만 주목받는 거 같아 너무 괴롭고요. 잘 나가는 동료를 질투하고 있는 저, 찌질한 걸까요?

개그 천재 신동엽이라도 라디오에선 컬투를 못 이긴다

요즘 나도 당신처럼 부러운 사람이 있다. 신동엽. 그 친구 정말 천재더라. 방송 같이 하면서 그 친구에게 타고난 끼가 있다는 걸 알았다. 무엇보다 그 친구, 순발력이 대단하다. 어떤 상황에서든 순간적으로 기승전결을 만들어 이야기할 수 있는 친구다.

이를 테면 이런 거다. 그 친구에게 무턱대고 물 컵 한 개를 건네주고 그 컵으로 웃겨보라고 말하면 그 컵 한 개로도 기승전결을 만들어 웃길 수 있는 거다. 내가 내 경험을 토대로 솔직하거나 엉뚱한 발언을 해서 반전을 만든다면 그 친구는 아무것도 없이 남들이 생각지 못한 반전을 주며 웃음을 만든다. 저 사람 머리 뚜껑을 한번 열어보고 싶다, 그 속에 뭐가 들어 있기에 저렇게 웃긴가, 이런 생각까지 들더라. 아무튼 기가 막히다.

신동엽과 방송을 같이 한지 2주쯤 지났을 때였을 거다. 모 잡지에서 인터뷰를 하러 왔는데, 무슨 질문 끝에 내가 그 기자에게 얘기했었다. "신동엽의 개그감은 타고난 거지, 노력해서 따라 갈 수 있는 게 아니다. 나는 신동엽이 될 수 없다. 그 사람의 그 특출한 능력을 따라잡을 수 없다." 내 말에 그 기자가 깜짝 놀라더라. 어떻게 그런 이야기를 하냐며 연예인 중에 나보다 다른 연예인이 잘한다는 이야기를 하는 사람은 처음이라고 말해주더라. 보통은 본인이 잘하는 걸 어필하려 한다는 거지.

어떤가? 이 정도면 당신이 동료를 부러워하는 만큼이나 내가 신동엽을 부러워한다는 게 느껴지는가? 당신이 동료에게 질투를 느끼는 거, 그거 잘못된 거 없다. 부러운 건 부러운 거니까. 그런데 말이다. 당신이 자신을 초라하게 느낀다는 거, 그건 문제가 있다. 그 동료가 백 가지면 백 가지를 다 잘하나? 당신은 백 가지면 백 가지를 다 못 하고? 그건 절대 아닐 거다.

나는 신동엽의 천재성을 인정하지만, 그런 신동엽이라도 라디오에선 컬투를 못 이길 거고, 공연에선 컬투를 못 이길 거다. 그게 컬투의 재능, 나의 재능인 거다. 나는 그래서 신동엽을 마음껏 부러워해도 내가 초라해지지 않는다.

당신이 직장 동료의 재능을 인정하는 거, 그거 참 좋은 태도다. 멋지다. 근데 말이다, 나는 당신이 당신의 재능도 얼른 인정했으면 한다. 그러면 당신 동료 때문에 당신이 초라하게 여겨질 일 없다. 분명 당신에게도 그 직장 동료를 능가할 재능이 있다. 그걸 찾고 그걸 잘해라. 무엇이든 다 잘하는 게 재능이 아닌 거다. 자신이 좋아하는 거, 잘하는 거, 그걸 진짜 잘하는 게 재능인 거다. 그런 재능 누구에게나 있다.

그러니까 당신, 함부로 기죽지 말고 당신 재능이 무엇일까, 먼저 꼼꼼히 따져보시라. 그리고 말이다. 혹시 또 모르는 일이다. 그 동료가 속으로 당신의 어떤 면을 부러워하고 있는지도.

무표정한
얼굴 때문에
사람들이
자꾸 화났냐고
물어봐요

Question 17

　제 고민은 얼굴이 무표정하다는 것인데요. 그냥 아무 생각 없이 앉아 있어도 동료들이 "화났냐? 집에 무슨 일 있냐? 피곤하냐?" 물어댑니다. 어쩌다 사람들이 안부 차 묻는 건 괜찮겠는데 만나는 사람마다 똑같은 질문을 하니 피곤하기도 하고 괜히 움츠러들게 되네요. 왜 우리말에 '생긴 대로 산다'는 말이 있잖아요. 이러다 괜히 무표정한 얼굴 때문에 사람들에게 미운 털 박히는 건 아닐까, 승진에 지장이 있진 않을까, 좋아하는 사람도 못 만나는 건 아닐까 고민스럽습니다. 물론 저도 이런 표정이 좋지 않다는 걸 알기에 바꿔보려고 '미소교정기'도 사서 껴보고, 혼자 있을 땐 괜히 '히죽히죽～' 웃어 보기고 하는데요. 노력처럼 표정을 바꾸는 게 쉽지 않네요. 어떻게 하면 모든 사람들의 호감을 살만한 멋진 표정을 지을 수 있을까요?

Chan woo' Answer

문제는 표정이 없다는 것보다 표현이 없다는 거다

표정은 타고나는 거다. 근데 그걸 어떻게 고치나. 고치려면 성형을 해야지. 강남 성형외과 원장님에게 말해라. "원장님, 웃는 상으로 성형해주세요!"

성형을 안 할 거면 답은 하나다. 당신을 드러내라는 거. 문제는 표정이 없는 게 아니라 표현이 없는 거다. 당신이 하는 그런 고민, 실은 옛날에 나도 많이 겪었다. 특히 신인 개그맨 때 오해를 많이 받았다. 나도 무표정족이었으니까. 그때는 비쩍 말라서 눈이 지금보다 더 커 보였는데 거기다 긴장까지 하니까 뻣뻣해 보였나 보더라.

하루는 방송국 갔더니 어떤 선배가 날 부르더라. "정찬우!" 이러길래 내가 군기 들어간 목소리로 "옙!" 대답했다. 근데 이 선배가 그러더라. "이 새끼 왜 이래? 개기는 거야?" 내 입장에선 열심히 대답한 건데, 상대방은 그렇게 받아들이더라고. 그래서 그 다음부터 바꿨다. 선배가 부르면 일부러 입꼬리 올리며 "예에~" 대답하는 걸로. 근데 그게 억지로 웃으니 어색하기만 하더라.

요즘도 가만히 있으면 화난 사람 같다는 말을 많이 듣는다. 난 아무렇지도 않은데 와서 "피곤한 일 있으세요? 이런 말을 하는 거다. 그러면 나는 "내가 원래 피곤한 스타일이에요!" 하고 농담을 던진다. 그러니까 사람들이 아, 이 사람 화난 거 아니구나, 얼굴은 무뚝뚝해도 재미난 사람이구나. 그렇게 생각을 하더라. 여전히 내 표정은 안 바뀌었는데 말이다.

표정 바꾸는 거 어렵다. 이미 굳어진 걸 어떡하나. 그렇다고 계속 의식하고 있을 수도 없다. 난 이런 표정으로 있어야지. 이거 안 되는 거다. 그러니까 안 바뀌는 표정 억지로 고치려 말고 주변에 당신을 알려라. 진짜 자기 모습을 보여주는 행동을 많이 하는 거다. 표정은 그래도 속은 무뚝뚝하지 않다는 걸 보여주라고.

정찬우 그런 말 알아요? 쥐 눈, 사자 입. 이게 사람 홀리는 상이래요. 눈이 쥐 눈처럼 처지고 입은 사자처럼 위로 올라간 거. 이런 사람이 웃으면 눈 꼬리 하고 입 꼬리가 붙는 거야. 여자들이 이런 상이면 남자들을 홀린대요. 이런 사람은 뭔 말을 해도 기분이 좋다는 거지. 근데 난 좀 세 보이나 봐. 눈이 크고 쌍꺼풀이 있어서 그런지.

편집자 실제로 만나보니까 잘 생기셨어요. 화면보다 실물이 나아요.

정찬우 내가 잘 생겼죠. 잘 생겼지. 70년대 배우처럼 생겨서 그렇지. 시대를 잘못 타고 났어. 김희라 선생님 같은 분이 활동할 때, 내가 배우 같은 걸 했어야 해. 30년은 빨리 태어났어야 한다고.

(크하하하)

편집자 역시~ 겸손하신 척은 안 하신다. 근데 마음이 무거워서 표정이 무표정해지거나 어두워지는 경우도 있잖아요. 사회생활하려면 그래도 밝은 표정을 지어야 할 텐데….

정찬우 마음이 힘든데, 왜 억지로 웃어야 하지? 나는 그럴 필요 없다고 봐요. 예를 들어 나처럼 방송에서 남을 웃겨야 하는 직업이면 그렇게 할 수밖에 없겠지만 본인의 직업에 무표정이 해가 안 된다면 그럴 필요 없죠. 마음이 무거울 땐 무거움을 즐겨야죠. 나는 내 감정들 그대로 받아들여. 억지로 애쓰지 않는다고. '아~ 지금 내가 힘들구나.' 그럼 그 마음을 내가 받아들여야지 이런 생각을 많이 한다고. 그 감정은 그 감정대로 소중한 거라고요. 그러니까 표정 바꾸려고 억지로 웃을 이유도 없는 거지.

열심히
살아왔는데,
인생이 너무
허무하게
느껴집니다

젊음 하나만 믿고 인테리어 사업을 시작했습니다. 처음에는 술술 잘 풀리는 것 같더니 경기가 안 좋아지면서 일거리가 뚝 끊기더군요. 엊그제 그나마 마지막까지 함께 버티던 직원을 내보내고 오늘 혼자 출근했네요. 텅 빈 사무실을 둘러보는데 서러워서 깡소주 하나 놓고 '엉엉~' 많이도 울었습니다. 정말이지 지난 7년 동안 가족 나들이 한 번 안 가고 일에만 매달렸는데 결과가 이렇게 되고 나니 사는 게 너무 허무하게 느껴지고 그동안 너무 욕심을 부린 게 아닌가 후회도 됩니다. 다시 새로운 일에 도전할 엄두도 나지 않고요. 든든한 가장이 되지 못할망정 가족들에게 약한 모습을 보이는 것도 싫습니다. 믿고 있던 동아줄이 탁하고 끊기는 기분, 다른 사람들은 알까요? 열심히 살아온 제가 미련하게만 느껴지고 너무 허무한데 어떻게 해야 할까요?

Chapter 3

Chan woo' Answer

"찬우야, 세상을 너무 많이 보지마"

그럴 때가 있더라. 나도 요즘 애써왔던 일이 뜻대로 안 풀리니까, 그런 생각이 들더라. 내가 뭐하고 사는 건가, 이런 생각. 돌이켜 보니까 그동안 내가 너무 치열하게만 살아왔더라고. 여유는 하나도 없이 그냥 달려오기만 한 거다. 인생 얼마 남은 것도 아닌데 내가 건강 해치고 왜 이러고 있지? 지금 마흔 여섯인데 곧 쉰 되면 그때까지도 내 시간 없이 살아야 하나? 이런 생각이 막 드는 거다.

그러면서 가족은 뭐고 일은 뭐고 나는 뭐고 세상은 뭔지 그런 의문이 막 들더라. 인생 정말 열심히 살았는데, 근데 이상하게 잘 살아오지 못한 느낌…. 갑자기 어머니 생각이 나더라. 그래서 얼마 전에 어머니를 찾아간 적이 있다. 가서 뜬금없이 물었더랬다.

"엄마, 사는 게 뭐예요?"

평소엔 이런 얘길 물어보거나 하지 않는데, 그땐 그렇게 묻고 싶더라. 근데 별 기대 없이 물어본 말에 어머니가 이런 말을 해주셨다.

"그건 사람마다 입장이 다 다르니 내가 말을 할 수가 없다."

그 말이 참 박히더라. 아마 젊은 사람이 이런 말을 했다면 별 느낌도 없었을 텐데, 이제까지 살아온 세월을 견뎌낸 양반이 해주신 말이라 그런지 무언가 느껴지는 게 있더라. 네가 지금 무슨 걱정을 하는지 모르겠다만, 그건 너랑 나랑 입장이 달라서 말을 할 수가 없다는 말. 세상엔 하나의 답이 있는 게 아니라는 말. 결국은 본인이 알아서 헤쳐나가야 하는 것이라는 얘기.

그러면서 어머니가 그러시더라.

"찬우야, 세상을 너무 많이 보지 마라. 세상을 많이 보면 욕심이 생겨. 내가 만날 집에만 있잖아. 어디 돌아다니지 않고 집에만 있으니까, 보는 게 없어서 그런지 욕심도 없다. 이것만으로도 너무 행복해."

이 말, 참 멋있는 말 아닌가? '세상을 너무 많이 보지 마라.'

이런 말씀을 해주실 수 있는 어머니가 진짜 존경스럽더라. 너무 욕심 부리지 말라는 그 얘길 우리 어머니가 너무 멋지게 해주신 거지. 나는 그 말을 듣고 마음이 풀렸다. 내 문제는 여전히 똑같은 상태로 있다만, 마음이 풀리니까 그게 괜찮아지더라고. 하여 당신에게도 우리 어머니의 말을 권해본다. '세상을 너무 많이 보지 마라.' 좀 도움이 되는가?

그리고 말이다. 요즘 멘토 열풍이라고 멘토, 멘토 하는데 멘토 멀리서 찾지 마라. 혜민 스님만 멘토가 아니더라. 된장찌개 끓여주는 당신 어머니가 내공 더 짱이다!

김작가 어머니 참 멋진 분이시다.

정찬우 네, 엄마 얘기 듣고 많이 좋아졌어요. 나 그렇게 욕심 부리는 놈 아니에요. 이렇게 사업하고 일 많이 하고 그런 게 욕심으로 보일 수 있겠지만, 난 욕심 없어요. 잘 만들어놓고 다 기부하고 싶다니까요. 사업 때문에 사람들 만나도 "제가 뭘 어떻게 해드릴까요?" 물어요. 사람들이 뭐, 뭐, 뭐, 얘기하면 내가 그래요. "제가 더 드릴게요." 왜? 더 줘도 난 그것보다 더 벌 수 있거든요. 그 사람도 행복하고 나도 행복하고 좋잖아요. 우리 직원들 몇 안 되지만 회사 지분 다 나눠줬어요. 열심히 하라고. 내가 다 가져서 뭐해. 진짜로, 다 가져서 뭐해요.

김작가 그래도 사업을 하다 보면 욕심이 생기지 않나.

정찬우 저는 다 버렸어요. 버린 지 좀 됐어요. 근데 그렇게 해야 더 잘 벌려요. 내가 다 가지려고 해도 다 가지는 게 아니더라고. 그렇게 버릴 줄 알아야 사람들도 신뢰하고.

딱 10킬로그램, 그게 안 빠져 고민이에요

Question 19

20대 초반의 여대생입니다. 키 160센티미터에 몸무게 67킬로그램. 뚱뚱한 몸매 때문에 중학교 때부터 친구들에게 '잠자는 하마' 아니면 '괴력 돼지'로 불려 상처를 많이 받았는데요. 어렸을 때야 친구들끼리 놀리느냐고 그랬다고 쳐도, 나이 먹어서까지 그런 말을 들으니 자존심이 많이 상하네요. 요즘은 다들 자기관리도 잘해서 길거리만 지나다녀도 연예인 뺨치게 예쁘고 날씬한 사람들이 많잖아요. 저도 모르게 그런 사람들이 있으면 피해서 걷게 되고 부러운 생각에 넋을 놓고 바라봅니다. 며칠 전에는 먼저 다이어트에 성공한 동생이 자기는 쪽팔려서 살을 뺐다며 누난 창피한 것도 모르냐고 구박을 하더라고요. 여기서 딱 10킬로그램만 빼도 소원이 없을 거 같은데 어떻게 해야 할까요?

Chan woo' Answer
살 쪄 있는 사람들, 그거 나쁜 거다

살 쪄 있는 사람들, 정말 자신한테 나쁜 사람들이다. 한마디로 자기 자신을 사랑할 줄 모르는 사람인 거지. 한 10년째 다이어트 하는 사람들 있다. 매년 다이어트를 한다더라. 이런 말 왜 하나? 안 할 거면서. 다이어트는 입으로 하는 게 아니고 몸으로 하는 건데.

주변에 보면 이런 여자들 있다. 부담스러울 정도로 살이 쪄 있는데 기어이 미니스커트를 입고야 마는 여자. 그런 여자들 볼 때마다 저절로 나오는 말 있다. 왜 저러는 거지? 본인은 그걸 입고 자기 만족을 느낄 줄 모르겠다만, 그걸 봐야 하는 상대방은 심히 불편한 일인 거다. 그게 절대 예뻐 보일 리 없거든. 사실 그거 본인도 안다. 그럼에도 불구하고 저 밑바닥 예뻐 보이고 싶은 욕망을 참지 못해 미니스커트를 꺼내 입어버리고 만 거다. 여전히 몸은 방치하고서. 생각과 욕망을 따로 놀게 해놓은 거다.

나는 그게 나쁘다는 거다. 자기를 가장 먼저, 가장 많이 사랑해야 할 사람이 자기 아닌가? 근데 왜 자기한테 가장 소중한 몸을 내버려두냔 말이다. 이런 사람들의 핑계는 이렇다. 다이어트를 했으나 실패했다. 근데 내가 보기엔 그건 실패가 아니라 안 한 거다.

예를 들어 이런 거다. 두 달은 걸려야 목표한 살이 빠지는데 일주일하고 안 하는 거다. 그래놓고 다이어트를 실패했다고 말하는 거다. 안 했는데, 실패했다? 이거 말이 맞지 않은 거지.

　나는 지금까지 다이어트를 두 번 해봤다. 한 번은 〈사랑도 리필이 되나요?〉 주인공을 맡으면서. 또 한 번은 얼마 전. 최근 이런저런 일로 마음고생을 하고 나니까 이렇게 고생하는 나에게 뭔가 좀 색다른 변화를 주고 싶다는 생각이 들더라. 그래서 지금 보다 좀 더 멋있어지자, 지금 보다 좀 더 날씬해지자, 이런 다짐을 했다. 그러니까 내가 나에게 선물을 주기로 한 거다. 그래서 한 달 동안 5킬로그램을 감량했다.(이게 적당한 거다. 나이 먹고 너무 많이 빼면 처량해 보인다.)

　제일 좋아하는 사람은 마누라가 아닌 코디더라. 옷빨 받는다며. 사람들이 묻더라. 도대체 어떻게 뺀 거야? 간단하다. 반만 먹었다. 밥을 절반으로 줄이고, 다이어트 약도 먹었다. 술 먹을 때 안주도 반으로 줄였다. 배고프더라, 고통이더라. 그래도 내가 나에게 선물을 주기로 했으니 참아야지 어쩌겠나. 그나마 다행인 건, 내 위가 잘 적응을 하더라는 거다. 그렇게 한 달 했더니 이젠 반만 먹어도 배부르다. 그러니까 당신, 당신도 몸에게 제대로 된 선물 좀 하시라.

월급만 차곡차곡 모아왔는데, 이제라도 재테크 시작해야 할까요?

직장생활 6년 차의 공무원입니다. 또래 친구들에 비해 운 좋게도 졸업 후 바로 시험에 붙어 사회생활을 시작했는데요. 첫 월급부터 한 푼도 쓰지 않고 모았는데 공무원 월급이 워낙 빤한지라 몇 천만 원을 모으기가 버겁네요. 이렇게 거북이처럼 모아 언제 집장만 하나 걱정도 되고요. 근데 최근 괜찮은 사업 아이템이 있다고 자꾸 투자를 권하는 친구들이 몇 있어 갈등 중입니다. 믿을 만한 녀석들이긴 하지만 그래도 목돈 투자라 신중하게 결정해야 할 것 같아서요. 또 가까운 사람들 중에서 사업이나 주식에 투자했다가 망한 사람이 꽤 있어서 고민도 되고요. 그렇다고 공무원 월급으로 재테크 없이 자산을 불리는 건 거의 불가능하겠다는 생각이 들고요. 저 어떻게 해야 할까요?

Chan woo' Answer

내가 재테크에 실패한 이유는 한방주의 때문이었다

나도 그런 경우였다. 내가 지금 마흔 여섯인데, 이제야 좀 알겠더라. 재테크에서 실패를 반복한 이유가 한방주의 때문이었다는 거. 누가 말한다. 돈이 될 만한 일이 있는데 그거 하면 무조건 된다고. 솔깃하다. 그래? 그 사람 말만 듣고 거기 투자한다. 그 다음 돈을 홀라당 날린다. 이런 거다. 내가 이런 실패들을 해봤기 때문에 확실히 아는 거다. 절대 그런 짓은 하면 안 된다는 거.

재테크는 차근차근 모으는 것밖에 다른 방법이 없더라. 그게 제일 좋은 거고. 사업할 사람이 아니면 개미처럼 차곡차곡 정확하게 모으는 게 맞다. 그래도 굳이 나에게 가장 좋은 재테크 수단이 무엇인지 꼽으라면 땅이라는 생각은 든다. 내가 사본 결과, 건물이나 부동산은 거짓말을 해도 땅은 우직하더라. 근데 그건 길게 해야 할 재테크인 거고. 그러니까 당신, 여태껏 해온 대로 그렇게 꾸준히 잘 모으시라.

근데 말이다. 나는 당신에게 재테크에 대한 사소하고 구체적인 노하우보다 더 해주고 싶은 말이 있다. 쉽게 벌면 쉽게 투자하고 쉽게 날려먹는다는 거. 나도 그랬고 지금 내 주변에도 한 번에 큰 돈 벌고 한 번에 날리는 연예인들 있다. 쉽게 생각해서 그런 거다. 당신 말처럼 주식해서 망한 사람들 많잖아.

특수한 경우겠지만 한탕주의로 장난치는 사람들이 누구한테 가장 먼저 정보를 흘리는 줄 아나? 연예인들이다. 돈도 있고, 좀 높은 사람들하고 잘 알 것 같고 그러니까. 근데 오히려 연예인들이 세상 돌아가는 거 잘 모르고 귀가 얇아서 쉽게 넘어가는 거다. 자기 혼자 넘어가는 것도 아니고 형, 친척, 사랑하는 사람들까지 끌어들여서. "야, 정찬우도 했대. 거기 참여한 게 누구누구래." 그러면 사람들이 벌떼같이 몰린다. 그렇게 해서 5억, 10억, 한꺼번에 날리는 거라고. 큰 돈 던지는 연예인들, 이것저것 꼼꼼히 확인하는 거 잘 안한다. 바쁘고 귀찮고 정신없으니까. 겉으로는 화려한 것 같지만 그렇게 잘못 넘어가서 생활고에 시달리는 연예인 많다.

연예인이라는 게 오르막이 있고 내리막이 있다. 한번 내리막을 타면 끝까지 내리막을 칠 수도 있는 법. 그래서 오르막일 때 관리를 잘해야 하는 거다. 누가 주식이니 땅이니 무슨 사업이니 하면서 접근해도 현혹되지 말아야 한다고. 근데 모르긴 몰라도 이게 꼭 연예인만 해당되는 사항은 아닌 것 같다. 어른들 말씀에 벌 때 벌어야 하고, 모을 때 모아야 한다는 말, 이거 진리인 거다. 물론 당신한테도 해당되는 말일 테고.

나도 이걸 깨달은 게 2년도 안 됐다. 그 전에는 벌긴 벌었지만 실패도 많이 했고 사기도 많이 당했다. 빌려주고 떼인 돈도 너무너무 많고. 여태 번 돈의 사용처가 사기당한 돈 반, 빌려준 돈 반인 거다. 남들이 볼 땐 건물 하나 샀어야 하는데 아무것도 없는 이유, 그래서 없는 거다.

그러니까 당신, 지금 잘하고 있는 거다. 차곡차곡 모을 수 있을 때 모으시라.

근데 이 얘긴 또 붙이고 싶다. 나는 내가 돈을 그렇게 쓴 거 후회는 없다. 억대로 날렸는데도 후회 없다고. 그 실패조차도 나한테는 인생이 되고 삶이 되고 개그의 소재가 되니까. 어떤 고난이든 상처든 시간이 지나면 다 내 것이 되니까. 그걸 못 이기고 쓰러지면 낙오자가 되는 거고. 그래서 인간이 참 신기한 존재인 거다.

정찬우 사실 재테크를 나한테 묻는 건 참 갑갑한 얘기네요. 악착같이 버는 건 얘기할 수 있지만. 난 재테크는 못 해봤어요. 근데 재테크도 실패해보는 게 제일 빨리 아는 것 같긴 해요. 뭐든지 그렇잖아요.

김작가 그럼 지금 관리는 누가?

정찬우 돈 관리요? 이제 버는 대로 집사람 다 줘요. 쓸 거 빼고 다 줘요. 제가 갖고 있으면 쓰더라고요. 누가 돈 빌려달라고 하면 자꾸 빌려주게 되고.

편집자 돈을 빌려주는 이유가 사람을 믿어서 그런 건가요?

정찬우 아니, 그보다 딱하니까. 후배 놈들이잖아요. 보통 돈 빌리는 친구들이 사정 어려운 개그맨 후배들이니까. 그래서 항상 농담 삼아 그래요. 왜 태균이도 있는데 나한테 그러냐? 그러면 얘네들이 그래요. 형님은 무담보 대출이 가능하지 않냐고.

(크하하하)

슬럼프인지
계속 우울한
기분에서
못 빠져 나오고
있어요

요즘 슬럼프에 빠져 의욕이 없네요. 스물아홉 살이 될 때까지 이런 적이 한 번도 없었는데 말이죠. 처음에는 조금 울적하다 이런 기분이었는데 시간이 지날수록 왠지 나는 뭘 해도 안 될 것 같이 느껴지고 이러다가 어떻게 되는 건 아닐까 염려스럽기만 합니다. 친한 친구들은 일시적인 현상이니 산책도 자주 하고 사람도 자주 만나라고 충고하는데요. 지금 한창 열심히 일해도 모자랄 판에 이런 생각이나 하고 있으니 어쩌면 좋을까요? 제가 한심하게 느껴져 되도록 빨리 털어 내고 싶은데 생각처럼 쉽지가 않네요.

우울할 땐 멍하니 있는 게 독이더라

슬럼프는 자기가 극복해야지 어떻게 남이 방법을 찾아주나. 극복할 방법을 모르겠다면 약이 없다. 술밖에. 마셔라. 우울할 때는 술이 제일이더라. 난 그렇다. 떡이 될 때까지 술 마시고 나면 오히려 정신이 맑아지는 것 같더라고. 괴로울 때 피하려고 하면 더 괴롭다. 괴로우면 확 괴로워 버리고 싹 잊어버리는 게 낫다.

아니면 무슨 일이든 정신없이 막 하는 거다. 잊으려면 바빠야 한다. 한가하면 절대로 잊어버릴 수 없다. 자꾸 생각나니까. 그 기분에 계속 빠지게 되니까. 일이 없으면 하다못해 운동이라도 해라. 어디 공터나 운동장 같은 데서 허파 터질 때까지 질주를 해보든가, 헬스장 가서 근육을 학대하는 거다. 땀을 흘리면 노폐물이 배출되지? 신기한 게, 그러면 더러운 감정도 거기 섞여서 배출된다.

괴롭고 우울할 땐 멍하니 있는 게 독이다. 일단 두 가지 중 하나를 해봐라. 술을 마시든지, 땀을 배출하든지. 두 가지 다 해보든지. 대충 하지 말고 세게 해라. 뻔한 얘기 같지만 그게 의외로 효과 직방일 수 있다.

Question 22

20대 초반의 나이에 갑자기 집안이 기울면서 취업 전선에 뛰어들게 됐습니다. 아버지는 병원에 입원해 계시고, 동생들은 어리고, 어머니는 가족들을 돌봐야 하는지라 제가 돈을 벌어야 할 상황이거든요. 아는 친척 분이 동대문에서 옷 장사를 하고 계신데 물건은 대줄 테니 저보고 길거리 장사라도 해보라고 권하시네요. 근데 소심하고 낯가림이 심한 성격 때문에 장사를 할 수 있을지 걱정입니다. 제 성격이 얼마나 소심하냐면요. 길을 걸을 때도 다른 사람과 눈이 마주칠까 두려워서 눈을 내리깔고 걷고요. 이런 성격 때문에 제대로 된 연애도 한번 해본 적이 없습니다. 이 성격을 고치지 않으면 장사는커녕 자리나 제대로 펼 수 있을지 걱정이네요. 어떻게 하면 낯선 사람들 앞에서도 당당히 장사할 수 있을까요?

Chan woo' Answer

타고난 달란트가 있어서 하는 게 아니라 생존이라서 하는 거다

당신이 장사를 하는 이유, 성격을 고치기 위해서가 아니라 생존을 위해서 아닌가? 그러니까 이건 성격 문제가 아니라 생존 문제인 거다. 그럼 살기 위해 당신 성격을 이겨내는 수밖에.

나는 정말 한심한 사람들이 이런 사람들이다. 아, 나는 원래 이래! 내가 그걸 어떻게 해! 미리 정해버리는 사람들. 그들이 못 하는 이유는 바로 그거 때문이다. 내가 이걸 어떻게 해, 이러는 순간 이미 못 하는 걸로 정해지는 거라고.

해야 하면, 하는 거다. 세상에 창피한 거 모르는 사람 없다. 앞서 얘기했던 바, 내가 제대하고 옷 장사를 시작했을 때도 타고난 '달란트'가 있어서 했던 게 아니라 '생존'이었기 때문에 한 거다. 장사 첫날, 그랬다. 새벽에 아줌마 원피스 떼다 독산동 남문시장 도로변에 좌판을 펴긴 했는데 민망하고 어색하고 죽을 것 같더라. 사람들이 좌판 앞에서 옷을 보고 있는데도 입이 안 떨어지는 거다.

천천히 구경해라, 얼굴이 하얘서 아무거나 잘 어울린다, 이게 동대문 패션이지만 백화점 납품하는 거다, 뭐 이러면서 분위기 띄워야 하는데 손님들이랑 같이 멀뚱멀뚱 옷 구경하면서 두 시간 동안 티셔츠 한 장 못 팔았더랬다.

근데 갑자기 열이 확 뻗치는 거다. 먹고살겠다면서 좌판까지 벌인 놈이 왜 이러고 있나, 막 화가 나더라. 내가 옷 장사를 한다고 했을 때 어머니와 여자친구 걱정하던 얼굴도 생각나고. 길거리 장사하는 것보다 병신처럼 그러고 있는 게 더 창피하더라.

그때부터 팔 걷어붙였다. 오늘 아줌마 원피스 스무 장 팔고 들어가겠다, 딱 마음먹었더니 얼굴에 철판 깔아지더라. 미친놈처럼 떠들어댔다. 창피하다는 생각이 들수록 소리도 더 지르고 하니까 되더라고. 그날 아줌마 원피스를 스물일곱 장 팔았다.

수줍음에서 벗어나고 싶을수록 행동해라. 망설이는 생각이 들기 전에 행동하라고. 당신 못지않게 나도 낯가림 심했다. 그런 나도 길거리에서 옷 장사 했다고. 당신도 할 수 있다. 아니, 꼭 해야 하는 거 아닌가? 나가서 딱 한 개만 팔아보라. 그 다음은 쉬워진다.

그리고 말이다. 그 당시 친구 녀석들 아줌마 원피스 판다고 많이들 비아냥거렸다. 내가 사주는 술 얻어 마시면서 이런 일 한다고 비웃더라. 그래도 나 꿋꿋하게 장사해서 돈 벌었다. 지금 나 그 친구들 보다 잘 살고 있다. 그러니까 당신, 혹시라도 길거리 장사가 창피하다는 생각은 지워라. 그 일을 하는 당신이 아무 것도 안 하는 친구들 보다 크게 될 터이니.

정신이
혼미해지는
무대 위,
안 떠는 방법
없나요?

서비스 강사를 준비 중인 여자입니다. 졸업 후 2년 정도 작은 회사에서 경리를 봤는데요. 조용한 사무실에 앉아 자판만 두드리고 있으려니 적성에 맞지 않아 힘들더라고요. 조금 더 활동적인 일을 하고 싶다는 생각에 무슨 일을 할까 고민하다 서비스 강사라는 직업을 알게 됐습니다. 학원에서 교육을 받아 보니 저한테 잘 맞을 거 같기도 하고, 무엇보다 일에서 얻는 보람도 크고요. 근데 막상 남들 앞에서 강의를 하려니 너무 힘드네요. 많을 때는 수백 명 앞에서도 강의해야 하는데 말이죠. 선배들은 '강사에게 제일 중요한 건 강의를 이끌어가는 능력이다! 그러니 몰라도 아는 척 뻔뻔하게 행동해라' 하고 조언하는데 정말 쉽지가 않네요. 무대 위에서 떨지 않고 당당하게 말하는 법, 어디 없을까요?

Chan woo' Answer

무대 위의 정찬우는 무대가 만들었다

지금은 무대가 밥 먹는 것만큼 편해졌다만 나도 무대가 처음부터 이렇게 편했던 건 아니다. 뭐 당신처럼 혼미해질 정도는 아니었지만.

그건 연습뿐이 없는 거다. 나도 그동안 수없이 연습했다. 거울 보면서도 하고. 녹음도 해보고. 근데 제일 효과적인 방법은 실전이더라고. 공연하는 놈은 무대에 많이 오르는 게 최고 연습이다. 뭐든지 잘하려면 실전에서 자꾸 해보는 수밖에 없다. 딱 한 번 해보고 오케이? 세상에 그런 건 없다. 계속 해보면서 성공도 하고 실수도 하고 그러다 보면 체질이 무대에 맞게 바뀌는 거더라. 무대울렁증은 무대에서 고쳐야 한다.

내가 무대울렁증 극복하면서 깨달은 게 있다. 무대에서 편하려면 자유로워져야 한다는 거. 남한테 웃음을 주려면 자기부터 자유로워야 하는 거다. 내가 불편한데 어떻게 남을 웃기나. 오늘 개그를 했는데 반응이 시원찮다. 관객이 안 웃는 거다. 이때 기죽으면 그 날 끝이다. "안 웃기지? 안 웃길 줄 알았어." "이게 안 웃겨? 왜? 왜?" 이러면 웃는다고. 저거 미친놈 아냐, 그러면서. 그러고 또 못 웃기면 어때? 어떻게 열 번이면 열 번, 백 번이면 백 번 다 웃기는가. 오늘 못 웃겼으면 다음에 웃기면 되지. 부담을 버려야 한다고.

그리고 무대에서 잘하려면 자기가 제대로 연습한 걸 가지고 무대에 올라야 한다. 공부 잘하는 애들이 왜 시험을 잘 치는지 아는가. 공부하고 또 하고, 코피 터지게 공부했으니까. 처음부터 백 점짜리는 없다고. 노는 것도 마찬가지다. 놀던 애들이 잘 논다. 물론 공부 DNA, 장사 DNA, 운동 DNA, 개그 DNA, 타고나는 놈들 있다. 근데 이런 사람들 어쩌다 한 명이다.

대한민국 최고의 마술사 이은결나 최현우 그 친구들이 왜 마술을 시작했는지 아는가? 낯가림 고치려고 그랬단다. 관객을 정신없이 사로잡는 이은결과 최현우가 수업시간에 발표 하나 제대로 못하는 애들이었다는 거다. 그랬던 친구들이 지금은 어떤가. 엄청난 스케일의 무대에서 매너 장난 아니게 화려하지 않은가. 그렇게 될 때까지 얼마나 많은 노력을 했을지 생각하면 존경스럽다.

무대울렁증 극복하고 싶다? 무조건 무대에 올라가봐라. 어떻게든 무대 올라갈 기회를 만들어라. 무대 올라갈 때마다 마이크 잡다 보면 어느 순간 자유로워질 거다. 무대에서 떠드는 게 밥 먹는 것보다 편해질 거다. 무대 위의 정찬우는 무대가 만든 거다.

정|찬|우|의|훈|잣|말

공연에 관한 생각들

공연에 대한 로망

오랫동안 컬투쇼 공연 무대에 서면서 나는 공연에 대한 로망이 하나 생겼다. 마지막 은퇴 공연은 나훈아 선생님처럼 큰 규모의 공연을, 완성도 있는 공연을 해보고 싶다는 것. 그 선생님 공연에 가 보면 누가 저런 생각을 했을까 싶을 만큼 멋진 장관이 펼쳐진다. 보통 7,000석 규모의 공연인데 그 분은 등장부터가 멋지다. 거북선을 타고 나오기도 하고 말을 타고 나오기도 하고. 그런 공연을 보고 있자면 입이 딱 벌어진다. 나도 마지막 공연은 그렇게 한번 해보고 싶은 거다. 방송국에서 꼭 방영하고 싶어 하는 공연. 그런 공연을 만들고 싶다.

내가 이런 말을 하면 사람들이 웃는다. 개그 공연이 무슨, 그러는 거다. 개그맨이 공연을 하면 얼마나 잘하겠냐는 말이다. 그것도 이해는 된다. 개그 공연이란 게 거의 대학로 소극장의 소규모 공연이니까. 처음엔 우리도 소극장에서 시작했다. 하지만 컬투쇼 공연을 한지도 벌써 17년째. 우리도 이제는 4,500석 체조 경기장에서 공연을 하고 지난해에는 공연 순위 1등이라는 기록도 세워봤다.(물론 싸이의 해외진출 덕이긴 하다만.) 거북선까지는 몰라도 비행기까진 등장시켜봤고.

그러니 마지막 공연에 대한 내 로망, 결코 꿈은 아니지 않을까? 나는 나중에 은퇴 인사를 무대에서 하고 싶다. 방송이 아닌 공연 무대에서 말이다.

공연에 대한 마인드

원래 개그 공연은 두 번 보면 질린다. 패턴이 비슷하니 어쩔 수 없는 일이다. 그게 개그맨의 비애다. 컬투쇼 관객들 중엔 골수도 있긴 하지만 그런 사람들 10퍼센트도 안 된다. 그러니까 나머지 90퍼센트는 전부 처음 오는 관객들인 거다. 우리 공연의 관객 수가 1년에 10만이니 이 중에 9만 명은 입소문을 듣고 전부 처음 보는 사람들이라는 얘기다. 나는 그 입소문의 힘이 우리의 공연 마인드에 있다고 생각한다.

공연 마인드. 그게 진짜 중요한 차이다. 공연 마인드를 가지고 제작하는 것과 돈 버는 마인드로 제작하는 것은 공연 자체가 다르다. 돈 마인드는 무대를 어떻게 만들어야 할지, 그런 덴 관심도 없다. 제작자들이 개그맨들 사서 돈 주고 최대한 무대를 줄여서 공연한다. 그래야 남으니까. 개그 하는 애들도 그냥 자기들 코너 재주 있게 짜깁기해서 나온다. 제작자나 개그맨들이나 공연을 그때그때 일회성으로만 생각하는 거다.

우리는 관련 업자들이 우리가 원하는 만큼 준비를 안 해주면 공연을 안 한다. 대충 하면 공연 본 사람들이 실망하니까. 그 사람들도 다 안다. 대충 했구나. 그러면 그 관객들이 새로운 관객들을 데려와 줄 리가 없는 거다. 공연이 그렇다. 방송보다 더 많이 보여주고 더 재밌어야 찾아온다. 그래야 소문도 나고 새 관객들이 계속 오는 거다.

무대 엉망으로 하면 그거 누워 침 뱉기다. 그래서 나는 후배들한테도 항상 얘기한다. 하드웨어를 충실히 하라고. 근데 애들이 그렇게 잘 안 한다. 깊게 생각을 못 하는 거다. 나는 소극장 공연도 해봤고 큰 극장에서도 계속 공연을 해왔다. 하다 보니까 느껴지더라. 공연 그냥 해서는 안 된다는 거. 제대로 해야 보는 사람들이 만족하는구나. 그래야 그 사람들이 또 오고 다른 사람들도 더 많이 오는구나. 후배들에게 17년 동안 경험한 노하우를 얘기해주는 건데 그걸 못 알아들을 때 나는 참 안타깝다.

개그맨이
되고 싶은데,
사람을 웃기는
방법 좀
알려주세요

Question 24

개그맨을 준비 중인 청년입니다. 친구와 일주일에 두 번 꼴로 대학로에 나가 한 시간짜리 꽁트 공연을 하며 데뷔를 준비 중인데요. 생각 보다 사람들 반응이 별로 좋지 않네요. 어린 시절 〈유머 일번지〉나 〈웃으면 복이 와요〉 같은 프로를 보며 저 개그맨들처럼 다른 사람을 웃기는 일을 하며 살고 싶다는 생각을 해왔는데요. 막상 개그맨이 되려고 보니 웃긴 표정이나 행동으로 망가지는 건 좀 하겠는데 말로 다른 사람을 웃기는 건 정말 어려운 거 같네요. 개그 욕심에 몇 번 무리수를 뒀다가 분위기를 썰렁하게 만든 적도 많고, 관객을 기분 나쁘게 해서 사과를 한 적도 있습니다. 이렇게 안 웃기는 저도 열심히 연습하면 다른 사람을 웃길 수 있을까요?

삶의 내공이 있어야 사람을 웃기더라

"사람을 웃기려면 최소한 서른은 넘어야 한다." 어떻게 하면 웃길 수 있나요? 이 질문에 내가 제일 먼저 답하는 말이다. 왜냐, 사람을 웃기는 데에는 삶의 경험이 필요한 법이니까.

19년 개그맨으로 살아 보니 그렇더라. 사람을 웃기는 거, 그건 삶의 내공이 필요한 일이다. 당신이 누군가를 웃기기 위해 말할 때, 의식하든 의식하지 않든 그 말에는 경험이 묻어나온다. 태어나면서부터 지금까지 쌓아온 경험, 이 모든 경험들이 총체적으로 작용해서 식도 밖으로 툭 나오는 거, 그게 말인 거다. 그래서 삶의 경험이 많아야, 웃음도 줄 수 있다는 거고.

사람들이 나에게 거친 개그를 잘한다고 말하는 이유는 내 삶이 그만큼 거칠었다는 뜻일 거다. 뒤돌아 보면 그렇다. 서른 전에 내 개그는 잔재주였던 거다. 사람을, 삶을 이해하지 못하고 무조건 웃기려고만 했던 개그. 그게 얼마나 큰 웃음을, 진한 웃음을 줄 수 있었겠나.

사람은 자신이 살아온 만큼 표현할 수 있다. 그 말은 살아온 만큼 웃길 수 있다는 거지. 그걸 이제야 좀 알겠더라고. 그러니까 당신, 앞으로 당신의 말로 사람들에게 뜨거운 웃음을 주고 싶다면, 이제부터라도 삶이 주는 경험을 차곡차곡 잘 쌓으시라.

편집자 방송이나 공연 보면 컬투 두 분의 개그 스타일이 다른 거 같아요.

정찬우 내가 거친 유머라면 태균이는 부드러운 유머지. 태균이는 교회 오빠 스타일이잖아요. 올곧게 살아왔으니까 나처럼 거친 개그, 이건 아무래도 안 되는 거지. 대신 태균이는 나보다 재주가 많아요. 달란트가 많아.

김작가 근데 누구에게나 인생이라는 건 있는 거잖아. 특별히 표현을 잘하는 달란트가 있는 거 아닌가?

정찬우 어느 정도는 타고나는 것도 있긴 하겠죠. 내가 말했잖아요. 나는 내가 여섯 살 때부터 천재인 거 알았다니까.

(크하하하)

정찬우 근데 나 같은 경우는 타고 난 부분도 있지만, 이게 직업이고 그래서 열심히 하다보니까 지금 잘하는 거 같아요. 생각해보세요. 라디오 하면서 하루에 두 시간씩 떠들면 얼마나 연습이 되겠어요. 그리고 그런 게 있어요. 기(氣)는 되돌려주고 되돌려받는 거잖아요. 내가 한 말에 사람들이 웃고, 그 웃는 기운이 다시 나한테 되돌아오니까 내가 더 잘하게 되고. 이런 게 있다니까요. 지금 여기 있는 사람들도 제 말에 웃잖아요. 그럼 그 웃는 기운을 내가 받는 거라고요. 그래서 사람은 밝아야 해. 내가 밝은 기운을 줘야 그 기운을 되돌려받으니까.

잘 나가는
동료때문에
갑자기 내 삶이
시시해져
버렸습니다

Question 25

직장생활을 하고 있는 30대 남자입니다. 며칠 전 회사에서 전부서 사람들을 모아놓고 회식을 했는데요. 상무님이 오셔서 잘 나가는 옆자리 동료를 대놓고 칭찬하시더라고요. 그 친구 때문에 우리 부서 실적이 30퍼센트나 올랐다고 하면서요. 칭찬과 함께 포상으로 현금 봉투까지 마련해서 주셨는데 상여금이 몇 백만 원은 넘는 거 같더라고요. 1차 회식자리가 끝나고 포상금 받은 기념으로 남은 사람들끼리 2차 술자리를 가졌는데, 모두다 그 친구에게 '네가 제일 잘 나가' 이러면서 아부를 하는 겁니다. 물론 그 녀석 덕분에 마련된 술자리긴 하지만 속이 뒤틀려서 같이 앉아 있을 수가 없었습니다. 사촌이 땅을 사면 배가 아프다더니 요즘 질투심에 잠도 안 오네요. 이런 제 마음 잘못된 걸까요?

Chan woo' Answer

근데 난 싸이처럼 되고 싶지 않더라

　나도 요즘 당신처럼 잘 나가는 동료 때문에 크게 자극 받은 적 있다. 그게 누구냐? 젠틀한 강남 오빠 싸이다. 맞지 않은가? 나한테 싸이가 연예계라는 '동종 업계' 사람이자 '한때' 공연계의 경쟁자라는 거.(너무 그렇게들 어이없어 하지 마시라. 내가 지금 '한때'라고 하지 않았나!) 그러니 그 친구가 해외 진출하고 완전 날리고 있는 거 얼마나 더 실감나게 다가왔겠냐고.

　근데 말이다. 난 싸이처럼 되고 싶지 않더라. 그런 삶이 행복할 거 같진 않더라고. 여기서 사람들이 알아보는 것도 힘든데 전 세계가 알아본다… 오오 그게 무슨 짓인가. 그건 내 인생이 없어지는 거다. 거기다 싸이 얼굴 얼마나 튀냐. 잘생긴 애들보다 더 튄다. 아주 딱 보이는 얼굴이거든. 물론 싸이 성격에 대박 터진 자기 삶을 우울하게 받아들일 일도 없겠고, 그 어마어마한 인기와 영향력, 그리고 목돈을 심하게 부러워하는 사람들이 많다는 거 안다.

　근데 나는 그렇다. 전 세계가 나를 보고 있다고 생각만 해도 이거 죽어버릴 일일 거 같은 거다. 그래서 나는 싸이처럼 되고 싶지 않다.

　난 소주 먹을 때 마포의 껍데기 집으로 간다. 어디 비밀스런 데서 지인 몇 명만 딱 만나서 양주 마시고 그러지 않는다고. 근데 이제 싸이는 그럴 수 없는 거다. 그 평범한 일상을 잃어버리는 게 싫어서 나는 연예계에서 최고로 잘 나가는 사람들 별로 부럽지 않다.

돈이든 인기든 너무 많이 가지면 오히려 불편하니까. 이게 내 성공의 기준, 행복의 기준이다.

근데 당신 삶의 기준은 뭔가? 당신에게 성공은 뭐고, 행복은 뭔가? 내가 보기엔 당신이 지금 행복하지 않은 이유는 그 친구에게 있는 '능력'이 당신에게 없어서가 아니라 자신의 삶에 대한 '기준'이 없어서 인거다. 그러니까 당신, 당신 삶에 대한 기준부터 정하시라.

친구들이
돈 쓰고 욕먹지
말라고 하는데,
잘 쓰는 방법은
뭘가요?

Question 26

　스물다섯 살의 사회 초년생입니다. 학생 신분에서 벗어나 열심히 일한 만큼 월급을 받으니 정말 기분이 좋은데요. 부모님께 내복도 사드려야 하고, 친구들한테 한턱도 내야 하고. 하여튼 이래저래 돈 나갈 곳이 한두 군데가 아니네요. 근데 회사 생활하면서 느끼는 것이 돈 버는 것도 중요하지만 쓰는 것도 폼나게 잘 써야겠더라고요. 예를 들어 똑같이 술을 사도 어떤 사람은 돈을 기분 좋게 잘 써서 사람들의 환심을 사는 반면, 어떤 사람은 돈을 쓰고도 욕을 먹는 경우가 있잖아요. 저도 최근에 친구들에게 한턱냈다가 살짝 빈정이 상했다는 말을 듣고 깜짝 놀랐거든요. 제가 뭘 실수한 거 같긴 한데 뭔지 잘 모르겠더라고요. 멋지고 폼나게 돈 잘 쓰는 방법이 따로 있는 걸까요?

Chan woo' Answer

티 나게 쓰고 아까워하지 말아라

당신 말처럼 돈을 쓰고도 욕먹는 사람들이 있다. 돈을 거지같이 쓰는 경우다. 이를 테면 이런 거지. 오늘은 내가 쏜다! 이러고 술을 먹는다. 근데 먹다 보니 술값이 너무 많이 나온다. 이거 어떡하나 잔머리 굴리다가 이렇게 말한다. "내가 이것만 낼게" 술값을 반만 내는 거다. 이러면 술을 사면서 거지 되는 거다. 술값을 반이나 내고도 "저 새끼는 지가 산다더니!" 욕을 얻어먹는다.

자기가 산다고 했으면 통장이 푹 패어도 산뜻하게 사야지. 그래야 다음 술자리에서 "나 돈 없어" 해도 저놈 저번에 크게 샀지, 이렇게 넘어갈 수 있는 건데 말이다.

돈을 쓸 때는 티가 나게 써야 하는 거다. 이건 가족에게도 마찬가지다. 부모님께 용돈 드릴 때도 쪼잔하게 나눠서 하지 말고 한 번에 화끈하게 드려야 한다. 용돈으로 5만 원, 10만 원, 찔끔찔끔 드리지 말고 한 번에 백만 원 딱 드리는 게 낫다. 우리 아들놈, 용돈 한번 시원하게 주네, 이런 생각이 들게끔 제대로 드려야 '용돈 주는 자식'이 되는 거다. 지분지분 나눠드리면 티도 안 난다.

그리고 말이다. 꼭 필요한 일에 돈을 쓸 때는 아까워하지 마라. 돈을 제대로 쓰면 그 돈은 언젠가 나한테 들어오게 돼 있다. 예를 들면 이런 거다. 상갓집 가서 당신이 조의금을 100만 원 냈다고 하자. 조의금으로 100만 원이면 거금인 거 맞다. 부담스러울 수도 있을 거다. 근데 받은 사람이 내가 상을 당하면 100만 원 안 할 것 같나? 한다. 하게 되어 있다. 물론 안 하는 놈도 있다. 돈이 있는데도 10만 원만 해. 그럼 그 놈은 내 꼬봉 되는 거다. 내 아랫사람이 되는 거라고. 기브 앤 테이크가 안 되면 위아래가 생기는 법이다.

물론 그 사람의 사정이 갑자기 나빠져서 마음만큼 표현할 수 없는 상황이면 예외겠다만. 경조사에 후한 건 보험 들어놓는 거랑 똑같은 거다. 낸 만큼, 아니 그 이상 돌아오게 돼 있다. 이자로 인심까지 얻는 거다. 그러니까 돈을 가둬놓지 말고, 아까워하지 말고 풀어야 할 땐 제대로 풀어라.

돈은 내가 버는 게 아니라 남이 벌어주는 거다. 좋은 관계가 돈을 벌어준다고. 내가 사람들에게 돈을 제대로 쓰면 사람들이 나한테 주고 싶어 하게 돼 있다. 돈도 주고, 일도 주고, 도움도 주고. 뭐든지 다 주고 싶어 하게 되어 있다. 근데 사람에게 좀생이처럼 굴면 돈도, 일도, 도움도 안 준다. 저런 좀생이랑 어떻게 같이 일을 해! 이런 마음이 드는 거 당연한 거다.

이 모든 건 내가 돈 좀 써보고 빌려주고 잃어버리기도 하면서 깨달은 바니 새겨들으시길!

정찬우 나는 쇼핑 같은 거 체질에 안 맞는 사람이라 잘 안 하는데, 그래도 1년에 한두 번은 집사람 데리고 나가서 쇼핑을 해요. 아울렛으로 데려 가서 당신 입고 싶은 옷 다 골라, 이러거든. 어차피 아울렛에도 최고급 브랜드는 다 있으니까. 그러면 이 사람이 또 못 골라. 아울렛이 비싸면 얼마나 비싸다고. 근데 한번은 이런 일이 있었어요. 그때도 집사람이 괜찮다고 안 사겠다고 하는 걸 내가 막 고르라고 해서 골랐어. 다 합해서 200만 원이 좀 넘었나. 근데 계산대로 가는데 근처에 걸려 있는 하얀색 털 코트가 너무 예쁜 거야. 입어 봐. 그러니까 와이프가 이미 고른 옷에 코트가 있다고 하더라고. 그래서 내가 그건 노란색이고 이건 하얀색이니까 입어보라고 했지. 입어보니 어울리네. 뭐 가격표를 보니까 30만 원 정도 되더라고. 싸주세요. 그러고 계산대로 갔어. 근데 계산대에서 바코드 다 찍어보니까 500만 얼마래. 이상해서 물어봤어. 왜 이렇게 비싸요? 그게 밍크라는 거야. 밍크. 그 코트가 300만 원이 넘는 밍크코트였던 거야.

(크하하하)

정찬우 근데 있잖아요. 내가 여기서 비싼데, 안 되겠다. 그건 빼자, 이러면 완전 무너지는 거야. 200만 원 쓰고도 욕먹는 거라고. 집사람이 너무 비싸다고 빼겠다는데 걸 내가 그랬어. 비싸도 다 사! 그때 집사람 내가 얼마나 멋졌겠어. 완전 짱이었을 거야. 실은 내 속이 바짝바짝 타들어간 거, 그건 몰랐겠지. 어쨌든 돈을 쓸 땐 제대로 써야 한다고.

편집자 이 내용 꼭 넣어야겠는데요. 책 나오면 아시게.

(크하하하)

정|찬|우|의|혼|잣|말
기 부 에 관 한 생 각 들

돈을 가장 잘 쓰는 방법 중에 하나가 세상과 나누는 일 아닐까. 그렇게 보면 김장훈, 문근영, 차인표·신애라, 조용필, 장나라 등 이들은 돈을 가장 잘 쓰는 사람들이 아닌가 싶다. 자기가 가진 것을 세상과 나누고 있으니. 요즘은 나도 이들처럼 세상과 나눠야겠다는 생각을 많이 한다. 그러나 나누는 것이 생각만큼 쉬운 일은 아니더라.

컬트삼총사 시절에 〈사랑의 리퀘스트〉에 출연한 적이 있다. 녹화를 하러 포천으로 갔는데, 주인공이 장애인들을 돌보는 장애인 부부였다. 남편은 목발 짚고 부인은 휠체어 타고 다니면서 장애인들을 보살피는 거다. 장애인이 한두 명도 아니고, 치매 노인부터 정신지체아까지 무려 서른 명쯤 됐다. 장애인이 장애인을 돌본다. 그런 모습을 보자니 감동적이기도 하고 한편으로는 너무 안타깝기도 해서 촬영 내내 마음이 무거웠다.

근데 녹화 다 끝나고 오는데 열여덟 살 먹은 애가 막 우는 거다. 형, 가지 말라며. 나이는 열여덟 살이었지만 초등학교 4학년 지능을 가진 애였다. 차마 발길이 안 떨어져 혼났다. 집에 왔는데 그 아이 생각만 나더라. 미치게. 많은 돈은 아니고, 그 달부터 매달 30만 원인가 자동이체를 했다. 마음이 좀 편해지더라. 그러고 나서 언젠가 그 부부가 〈칭찬합시다〉에 나오는 걸 봤다. 그래, 저런 사람들 칭찬받아야지. 괜히 반갑고 그렇더라.

근데 방송이라는 게 참 위험한 거다. 그러고 나서 얼마 있다 자동이체도 안 되고 연락도 끊기고 너무 이상해서 연말에 일부러 시간을 내서 거길 찾아가 봤더니 그 시설이 없어진 거다. 인원수가 너무 늘어나서 감당이 안 돼 문을 닫았다는 것이다. 방송 나간 다음에 이 사람 저 사람 몸이 불편한 사람들을 다 그리로 보낸 거다. 방송이 그게 문제다. 그 여파랑 후유증이 너무 심하다. 큰 도움받는 사람도 있지만 피해를 입는 사람도 있는 거다. 방송국에서 프로그램 만드는 게 다가 아니다. 이후까지 책임을 져야하는데 프로그램을 만든 당사자들은 방송 나가고 나서 그냥 끝이니까. 장애인 부부의 헌신이 그렇게 마무리 되었다는 게 지금 생각해도 가슴 아픈 일이다.

홍영숙이라고, 장애인 테니스 선수가 있다. 아시아태평양 장애인경기대회에서 금메달도 따고, 국제테니스연맹에서 '2006 올해의 선수'로도 뽑힌 선수인데, 기업체고 정부고 아무도 지원을 안 해준다. 상대적으로 비장애인 선수보다 주목을 받지 못하니 후원도 받기 힘든 거다.

나라에서 장애인 복지 어쩌고 하면서도 정작 지원을 안 하는 거다. 구에서 얼마 지원해주는 게 전부다. 이 친구가 세계 대회에 나가면 기본 여행비만 3천만 원이 드는데, 그 돈이 없어서 대회 참가를 못 한다는 얘길 듣고 나니 참 어이없다는 생각이 들더라. 그 얘기를 듣고 내가 컬투 꽃배달 이름으로 그 다음날 바로 천만 원을 지원한 적이 있다. 그러자 그 친구가 너무 놀라더라. 후원해주겠다는 기업, 개인, 진짜 많았는데 전부 말만 하고 실제 지원은 받지 못했다는 거다. 차라리 약속을 하질 말지, 참 안타까운 생각이 들었다.

그때 느낀 게 있어서 컬투쇼에 기부 코너를 만들려고도 했었다. 100원도 좋고 10원도 좋고, 익명으로 기부를 하는 거다. 그거 하려고 '아름다운 가게'랑 의논도 하고 그랬다. 근데 생각만 가지고는 안 되겠더라. 법인 문제도 있고, 방송국에서도 일이 장난 아니게 많아지는 거다. 수혜자 선정도 신중하게 해야 하고, 재정 관리도 해야 하고, 스태프들도 늘려야 하고, 쉽지가 않더라고. 결국 그 코너는 없던 일이 됐다.

어쨌든 그런 경험 몇 번 하면서 확실히 느꼈다. 좋은 일에 돈 쓰는 것도 쉽지 않다는 거. 끝까지 책임지지 못할 거면 처음부터 안 하느니만 못하다는 거. 방송 한 번 나갔다가 시설까지 문 닫는 거 황당한 일 아닌가. 일대 일 후원 맺어놓고 중간에 후원금 끊는 것도 진짜 무책임한 일이고. 돈이 아까우면 처음부터 "기부한다", 공수표 날리지 말아야 한다. 안 되면 말고, 이런 거 당사자들에겐 큰 상처 주는 일이니.

첫 사업
쫄딱 망했지만
다시 시작하고
싶어요

Question 27

스물다섯 살에 친구 녀석과 겁 없이 사업을 시작했습니다. 처음이라 두려움도 많았지만 지금이 아니면 할 수 없다는 생각으로 용기를 냈죠. 세 달 동안 밤을 새며 사업 아이템을 결정한 후에 직원 두 명을 더 채용해 투자금 3천만원으로 모바일 게임 업체를 시작했습니다. 근데 예상보다 세상이 녹록치가 않더라고요. 밤을 새며 새로운 게임을 만들어 유명 게임업체들의 문을 두드렸지만 반응이 전혀 없었습니다. 가끔 연락이 와도 아이디어만 들은 후에 내쫓기기 다반사고요. 결국 8개월 만에 모든 투자금이 바닥나면서 아무 성과도 없이 회사 문을 닫았습니다. 요즘 실패 후유증 때문인지 무언갈 다시 시작하는 게 두렵네요. 저 어떻게 해야 할까요?

망해본 놈이 성공도 할 수 있는 거다

당신 멋진 사업가를 꿈꾸고 있는가? 그렇다면 잘 망했다. 크게 사업할 사람은 실패 경험도 있어야 하는 거다. 많이 지쳤을 당신을 위해 내가 실패한 경험을 얘기해주면 이렇다.

컬투엔터테인먼트 초창기 내 밑에는 120명의 개그맨이 있었다. 어딜 가도 푸대접만 받는 후배 녀석들이 마음에 걸려 시작한 일이었다. 그 녀석들에게 최고 대우는 못해줘도 배는 곯기고 싶지 않았다. 근데 개그맨 120명이 방송에 출연하면 얼마나 하겠나. 각 방송사마다 개그 프로도 몇 개 없는데. 이 녀석들이 매일 세끼씩 먹어대는데 한 달 식대만 어림잡아 천만 원은 나오는 거다.

그때 알았다. 사업이란 게 마음만으로 할 순 없다는 걸. 태균이랑 내가 미친 듯이 행사 뛰며 돈을 메꿔도 120명을 유지할 길이 없더라. 결국 고민 끝에 회사를 정리했다. 그 녀석들 내보내던 날, 태어나 처음으로 무능한 내가 너무 싫어 눈물이 다 나더라. 그땐 모든 게 싫었다. 이 나이 먹도록 뭐하며 산 건가? 이런 생각도 들고. 근데 분명 한 건 그때 그 일도 내 인생에서 큰 자산이 됐다는 거다. 덜렁대던 놈이 신중함도 생기고. 그 후론 어떤 사업을 하든 그 방면의 전문가에게 꼭 물어보게 되더라 이거다.

왜 파울 쳐본 놈이 홈런도 친다고 사업도 망해본 놈이 성공하는 거다. 절대로 사업 안 해본 사람이 대성공하는 경우는 없다. 크게 성공한 사람들은 이미 크게 실패도 해본 사람인 거다. 나는 아직까지 끊임없는 실패 중이다. 지금껏 수많은 사업에 도전해왔지만 크게 성공한 사업이 없다. 그러나 언젠가 그 경험이 나를 크게 세울 거라는 믿음은 있다. 그러니 당신 너무 좌절하지 마라. 당신의 실패 경험이 당신을 일으켜 세울 테니. 그리고 멋지게 해보는 거다. 사업 잘 되면 나한테 연락하는 거 절대 잊지 말고.

정|찬|우|의|혼|잣|말

장인 정신과 마케팅

내가 요즘 배우 이상우와 함께 온라인 쇼핑몰을 준비하고 있다. 이름 하여 '우즈플리스 닷컴.' 이거 준비하면서 사람들을 계속 만나고 다니는데, 가끔 '장인'들을 만날 때도 있다. 세상에 빨랫비누 장인도 있더라. '백구 세탁비누'라고 옛날 군인 아저씨들 군복 빨던 세탁비누인데, 이 비누 만드신 분을 만난 거다. 여장부 포스가 꽉꽉 풍기는 분이었다.

그분 철학이 확고했다. "난 지금까지 자존심 하나 지키며 살아왔소." 딱 그러시는 거다. 최고의 원료로 최고의 물건을 만들어왔다는 얘기다. 지금도 값싼 재료 써서 단가 낮춘 제품 같은 건 하고 싶지 않다고 하더라. 아, 이 사람 장인이구나. 이런 게 그냥 느껴졌다. 자기는 아직도 빨랫비누는 백구, 다른 건 다 아니란다. 이게 장인의 자존심이구나 싶었다.

향료를 만드는 사람도 만나봤다. 그 사람은 온 방 안이 다 향료다. 몇 백 가지, 몇 천 가지. 다 향이더라고. 그걸 계속 냄새 맡으면서 이거는 산초액이고 저거는 뭐고 설명하는데 난 뭐가 뭔지 하나도 모르겠더라. 염소젖으로 만든 향, 사향고양이에서 얻은 영묘향, 향고래에서 나온 용연향, 무슨 향, 무슨 향, 그저 신기하고 희한하기만 한 거다. 근데 멋있더라고. 아, 이 사람도 장인이구나 생각했다.

이 사람들 공통점이 뭔지 아나. 바로 미쳐 있다는 거다. 향에 미쳐 있고 비누에 미쳐 있고, 그게 자기 생명이다. 정말 존경스러운 박수가 저절로 나온다. 근데 안타까운 게 있다. 그 안에 갇혀서 그 귀한 것들을 바깥으로 가지고 나오질 못 한다는 거. 웃긴 게 그런 거다. 그래서 이 분들이 최고를 만들지만 이 좋은 걸 사람들이 모른다는 거. 세상에 아무리 좋은 제품이라도 마케팅이 없으면 안 되는 거다.

사업을 꿈꾸는 누군가에게 내가 하고 싶은 말은 이거다. 장인 정신과 마케팅을 분리해서 보지 말라는 것. 어느 한 쪽이 아니라 두 가지 다 중요하다는 것.

정찬우 옛날에 모 기업 사장님이 같이 술 마시다가 나한테 그런 적도 있어요. 자기 회사 마케팅 본부장으로 들어오라고. 진짜 진지하게 얘기했어요. 왜 그러냐고 물어봤더니 이제 엔터테인먼트가 대세가 되는데, 마케팅에서도 그런 요소가 가미되어야 한다고. 내가 마케팅을 맡아주면 회사가 확 달라질 거라고 하는 거예요. 그때는 하고 싶어도 할 수 없는 상황이었죠. 나도 나름대로 회사 대표였고 사업을 잘 이끌어가야 했으니까.

김작가 그럼 컬투와 관련된 마케팅 아이디어는 본인이 다 내나?

정찬우 많이 그런 편이죠. 컬투 치킨의 카피 같은 거, '치킨보다 맛있는 치킨' 이런 건 제가 제안한 거죠. 저는 뭐 뭐 보다 뭐 뭐. 이런 표현이 좋더라고요. 오리지널보다 더 좋은 오리지널. 이거 좋은 표현 아닌가요?

편집자 오오 듣고 보니까, 그 표현 좋은데요.

정찬우 '컬투 치킨' 스티커도 안동에 한우를 먹으러 갔다가 생각한 거예요. 누가 "이 집 고기는 어느 지역, 어느 농가에서 온 고기다" 그러는데 번뜩하더라고. 이를테면 7번 테이블에서 고기를 시켰어. 그러면 고기가 나가는 순간 지하철 전광판에 도착 신호 뜨듯이 나오는 거야. '지금 7번 테이블에 나가는 고기는 충북 OO농장에서 기른 10개월짜리 한우입니다. 안심하고 드십시오.' 기가 막히잖아. 왜 이런 걸 다른 곳에선 안 하는지 모르겠더라고. 내가 그걸 '컬투 치킨' 닭에다 써먹은 거예요. 우린 스티커를 만들었어요. '오늘의 우리 집 닭은 충남 논산에 위치한 △△농장에서 직접 기른 닭입니다.' 이렇게 쓴 스티커를 붙여서 나가는 거지. 사람들 반응 무지 좋더라고요.

업무적으로
설득할 일이 많은데,
특별한 설득 방법
없을까요?

Question 28

보험 회사 영업사원으로 근무 중인 서른두 살의 청년입니다. 직업 특성 상 매일 열 명에서 열다섯 명 정도를 만나 상담을 하는데요. 그 중 계약건수는 잘해야 한 건. 정말 실적이 부진한 달은 다섯 건으로 마무리 한 적도 있습니다. 실적이 좋지 않아 돈을 많이 못 버는 것은 둘째 치고, 사람들을 만날 때마다 조리 있게 설득하는 법을 알고 싶다는 생각이 너무 간절히 드네요. 보험이라는 게 왜 들어야 하는지 상대방을 설득해야 하는 일인데 그게 생각보다 쉽지 않더라고요. 사람을 설득하는 가장 좋은 방법, 어디 없을까요?

Chan woo' Answer

사람을 설득하는 데 가장 필요한 것은 간절함이다

나는 누군가를 설득하는 가장 좋은 방법은 말발이 아니라 간절함이라고 생각한다. 최근에 간절한 마음으로 누군가를 설득한 경험은 이렇다. 여동생 딸이 있는데 완전 천재다. 우리 집에서 어떻게 저런 천재가 나왔나 의문이 들 정도로. 카이스트 총장상, 국무총리상, 지식경제부상, 상이란 상은 다 탔고 시험을 봐도 전국 20등 안에 든다. 특별히 학원 같은 델 다닌 것도 아닌데 말이다. 내가 우리 조카 보면서 느낀 바가 크다. 공부는 저런 애들이 하는 거구나. 내 아들은 공부 말고 다른 걸 시켜야겠다고.

그런데 얘가 채드윅 송도국제학교를 너무 가고 싶어 하더라. 미국 명문 채드윅이랑 똑같은 교육 시스템, 최고의 교육환경을 갖췄다고 하더라고. 근데 조카애가 거기 시험을 봤는데 떨어졌다네? 우리 가족들 전부 이게 뭐야, 이해를 못 했다. 왜 떨어졌지? 얘가 떨어지면 대체 누가 붙은 거야? 조카애가 막 울더라고. 여태까지 어디에서 떨어져본 적이 없는데다 자기는 시험을 잘 봤다고 생각했는데 떨어지니까 너무 힘들어 하는 거다.

어렵게 줄을 대서 그 학교 총장님을 만났다. 조카, 여동생, 나, 셋이 총장님을 찾아갔다.

"애가 떨어진 이유를 알고 싶습니다. 본인 말로는 시험도 잘 본

것 같고 인터뷰도 잘했다는데 뭐가 문제였는지 모르겠습니다. 떨어진 건 좋은데, 왜 떨어졌는지를 알아야 이 아이가 그 점을 개선할 수 있을 것 같아서요."

총장님 말씀이 인터뷰에서 떨어졌다고 하더라. 애가 영어를 진짜 잘하는데 외국 나가서 영어연수 한 번 안 받아봤거든. 스피킹이 조금 약했다고 하더라. 그리고 결정적으로 질문에 대답을 잘못한 게 있었다. 꿈에 대한 질문에서, "네 꿈이 뭐냐?" "외교관이요." "왜 외교관이 되려고 하지?" "어려운 사람을 도와주고 싶어서요." 여기서 잘못된 거다. 그 사람들이 생각하는 외교관은 어려운 사람을 돕는 게 아니거든. 나라 간 문화를 교류하고 서로의 어려운 문제를 극복해나갈 수 있도록 하는 사람이 외교관 아냐. 근데 애가 한국식 교육에 익숙해 있다 보니 그런 대답을 한 거다. 면접관들은 이렇게 생각했겠지. 얘는 이 학교 시험 보려고 학원에서 맞춤식으로 공부하고 왔구나.

조카애가 다 듣고 나더니 총장이랑 영어로 막 대화를 하더라고. 그러면서 막 우는 거야. 총장님 말씀이 애가 정말 효녀래. 지금까지 부모님한테 실망을 드린 적이 없는데 그런 실수 때문에 '실망을 드렸다', '너무 속상하다', 그런 얘길 한 모양이더라. 총장님이 다시 한 번 인터뷰 기회를 주겠다고 했다. 지금까지 그런 적이 없는데, 아이가 올곧고 착한데다 너무 간절히 채드윅에 들어오고 싶어하는 것 같다는 거다. 우리 조카 그러고 나서 몇 개월 후에 다시 시험을 봐서 합격했다.

만약 시험에 떨어지고 가만히 있었다면 그 학교 못 들어갔을 거다. 두드리면 열린다는 말, 진짜 맞는 말이다. 어떻게든 이유를 알아야겠다고 생각하고, 만나기 어려운 총장을 몇 다리라도 건너서 만나는 수고를 감수했으니 성공한 거지. 간절함이 통한 거다.

설득의 힘이란 게 그렇다. 변호사 뺨치는 말발보다는 간절함이 먼저라는 거다.

주변 사람들이
소개팅을
안 해주는
진짜 이유가
궁금합니다

Question 29

주변 사람들이 소개팅을 안 해주는 진짜 이유가 뭘까요? 참고로 전 스물네 살 남자입니다. 키도 크고 성격도 무난해서 주변에 친구도 많은 편이고, 무엇보다 객관적으로 봐도 꽤 잘 생긴 편이거든요. 장동건까지는 아니더라도 현빈 정도는 된다고 자부합니다. 근데 주변 사람들한테 여자친구 좀 소개해달라고 하면 "야, 어째 주변에 사람이 없다!" 이러면서 한발 뒤로 빼네요. 가까운 여동생들은 농담 반 진담 반으로 "오빠 눈이 높아서 안 돼!" 아니면 "남한테 절대 줄 수 없어" 뭐 이런 장난을 치기도 하고요. 처음엔 언젠간 해주겠지 했는데 요즘 들어서는 정말 나한테 문제가 있나 싶기도 하고, 치사해서 더 이상 묻기도 귀찮습니다. 주변 사람들이 소개팅을 안 해주는 진짜 이유 뭘까요?

다시 생각해봐라. 당신 성격, 그게 정말 좋은 건지

외모도 빛나고, 스펙도 훌륭하고, 성격도 좋은데, 근데 소개를 시켜주는 사람이 없다? 이런, 답 나온다. 당신 '착각'이 문제인 거다. 당신이 자신을 잘 모르는 거라고. 내가 당신을 본 적은 없다만, 당신이 주변에서 잘 생겼다, 멋있다는 소릴 자주 듣는다고 하니 일단 외모가 빛나는 건 사실인 걸로 하고. 그럼 친구들이 소개팅을 안 해줄 이유가 뭐 있겠나. 결론은 성격인 거다. 짐작하건대 남한테 베풀 줄 모르거나, 저만 잘 났거나, 뭐 이런 게 있지 않을까 싶다. 당신 자신은 모르고 있겠다만.

내 성격이 좋은지 안 좋은지는 나보다 남이 더 잘 아는 거다. 당신을 겪어본 사람들이 더 잘 아는 거라고. 당신이 뭐가 문젠지 정 모르겠다면 오랫동안 당신 주변에 있었던 친구들한테 물어봐라. 술 한잔 먹고 진지하게. "내가 좀 비호감인가? 이놈 저놈 부탁해도 소개팅 한 번 안 들어오네. 솔직히 말해봐." 이렇게. 그리고 친구가 뭐라고 하든지 귀를 열고 다 들으라.

사실 이건 소개팅에 한정된 문제가 아니다. 성격이 안 좋으면 사회생활도 거지 같아진다. 사회생활, 그거 인간관계거든. 성격에 하자 있으면 인정받기 힘들다. 따돌림 받을 수도 있는 거고. 솔직히 남자들은 아주 거북하게 생기지만 않았으면 사회생활 하는 데 외모 같은 거 상관없지 않은가. 여자 만나는 것도 그렇고. 외모는 처음 몇 번이고 진짜는 그 다음이지. 성격, 인간됨, 그런 거. 경험상으로 볼 때 생긴 건 그저 그런데 성격 좋은 놈들이 여자들 더 잘 만난다. 그러니까 당신, 정말 멋진 소개팅이 하고 싶다면 당신 성격부터, 당신 자신부터 다시 살펴봐라. 잘 생겼겠다, 키도 크겠다, 그것만 채워지면 완소남 될 테니.

김작가 주변 사람들한테 소개 잘 시켜주는 편이니?

정찬우 저 소개 잘 시켜줘요. 예전에는 공연하다 객석에 인상 좋은 관객이 보이면 지인들 소개시켜 주고 그랬어요.

김작가 어떻게?

정찬우 얘기하는 거지요. 공연 중간에 쉬는 타이밍 이런 때. 매니저한테 붙잡아 놓으라고 말하고. 사실 내가 아는 사람 중에 정말 좋은 사람이 있는데 당신 인상이 좋아서 소개시켜 주고 싶다. 그래서 결혼까지 한 커플도 있어요. 내가 너무 장가를 보내주고 싶었거든. 그놈을. 잘 살아요. 정말 좋은 마누라 얻어서. 내가 그런 데는 오지랖이 넓어. 나만 해도 사람이 괜찮다 싶으면 소개시켜 주려고 하잖아요. 그러니까 이거 질문한 사람은 자신을 뒤돌아보긴 해야 해. 무슨 문제인지는 몰라도 분명 문제가 있는 거지.

김작가 근데 소개해주겠다고 해도 자연스럽게 만나고 싶다며 거절하는 사람도 많지 않아?

정찬우 전 운명적인 사랑을 기다리는 사람 이해 안 돼요. 운명적인 사랑도 자꾸 사람을 만나 버릇해야 만날 수 있지. 그리고 정작 운명적인 사랑을 만났을 때 미리 연습해보지 않으면 마음을 얻기 어렵거든. 뭐든지 연습을 해야 해. 세상은. 여자를 만나는 것조차도 연습이 필요한 것 같아요.

Chapter 4

우리가
한통속이
되려면

【 남들과 같이 사는 법 】

내 인맥 형성의 법칙은 그거다. '사람은 다 똑같다.' 돈이 많든 적든 높고 낮음 없이 모두 평행선
위에 사는 거다. 나이 똑같이 먹고 밥 똑같이 먹으면서 말이다. 물론 돈 많은 녀석들이 더 좋은
걸 먹을 수 있을지 모르겠다만, 하루 24시간을 똑같이 쓰면서 사는 건데 상대가 그저 돈이 많다
는 이유로 내가 기죽을 이유 없는 거다. 특별히 그 사람들한테서 도움 받을 일도 없는데 말이지.

지금까지는 다른 사람을 볼 때 말투나 눈빛, 겉모습에 많이 의존해서 판단해왔던 거 같습니다. 말을 상냥하게 하면 좋은 사람, 말을 싸가지 없게 하면 나쁜 사람. 이런 식으로요. 그런데 겉모습만 보고 판단하니 때론 사람의 내면을 보지 못하고 오해할 때가 많더라고요. 그래서 사람을 제대로 보는 공부를 해야겠다는 생각을 하게 됐는데요. 흔히 사람에 대해 알려면 심리학을 공부하라고 하잖아요. 그런데 사람이 쓴 책을 보고 다른 사람을 판단하는 게 맞나 싶기도 하네요. 왜냐하면 똑같은 사람을 놓고도 각 사람마다 다르게 보는 경우가 많으니까요. 심리학이나 철학, 사회학 말고 인생에서 사람에 대해 잘 알 수 있는 다른 공부는 없을까요?

Chan woo' Answer

다양한 사람들과 호되게 일을 해봐라

사람을 아는 법? 내 경우엔 이런저런 사람들과 여러 가지 일을 호되게 해보니 사람 속을 좀 알게 되더라. 각종 아르바이트로 내 밥벌이를 하던 시절, 경기도 열미리라는 곳에 있는, 산 아래 청국 장 공장에서 아르바이트를 한 적이 있었다. 그 공장에는 6~70대 할머니와 4~50대 아주머니들이 마흔 명 정도 모여 일을 하는데 남 자는 풋풋한 대학생이었던 나와 내 친구, 고아원 출신 친구 둘, 그 리고 온몸에 문신을 새긴 전과자 형, 이렇게 다섯이었다.

나와 내 친구는 돈이 좀 되겠기에 찾아간 곳이었고 고아원 출신 친구들은 오갈 데 없는 친구들을 그곳 사장님이 데려다가 일을 준 거였다. 전과자 형은 기록 때문에 어디 가서 일을 할 수 없으니, 그 산골까지 찾아온 거였고. 처음엔 그 형이 전과자인 줄도 몰랐다. 일 하다 보니 문신이 보였고 사연을 물었더니 전과자라고 하더라. 그 다음엔 더 묻지 못하겠더라. 더 물었다간 괜히 한 대 맞을 것 같고. 여하튼 이 사람들과 거기서 먹고 자며 매일 청국장을 만들었다.

지금 생각해보면 그곳, 군대만큼이나 빡센 곳이었다. 그 공장에 서 청국장 만드는 과정은 이렇다. 일단 웬만한 방만큼 커다란 솥에 콩을 넣고 서너 시간 정도 찐다. 콩이 익으면 빨간색 양파 봉지에 담고 발효실에서 발효 과정을 거친다. 발효된 걸 적당한 크기로 포 장하면 끝. 전체 과정이 대략 3, 4일 정도 걸리는데 거기서 남자들이 했던 일은 익은 콩을 삽으로 퍼서 발효실에 넣고 발효된걸 차악 차악 치대어 크게 반죽 해놓는 거였다. 그러면 할머니, 아주머니들이 조금씩 떼어 포장하고 유통업체로 나가는 거다. 나는 여태 청국장 발효실 냄새만큼 역한 냄새를 경험해본 적이 없다. 정말 화생방 수준이라 숨을 참으며 일을 해야 했다. 꽤 험한 일이었다.

근데 그 전과자 형이 군말 없이 이런 과정을 척척 해내는 거다. 처음엔 말도 못 걸만큼 무서웠는데 하루 이틀 시간이 지나 보니 괜찮은 사람이란 걸 알겠더라. 저절로 편견이 벗겨지더라. 그래서 그 형과 늦은 밤 그 산골까지 콜택시를 불러 시내 나가 맥주 한 잔씩 했다. 주거니 받거니 이야기를 나누다 보니 그 사람 속내가 보이더라. 전과가 있으면 세상에서 뭘 할 수가 없다. 한 번 실수가 그렇게 평생 족쇄가 된다. 조직에 몸담았던 깡패였는데 전과자가 되고 보니 이게 아니다 싶어 거기를 나와 다른 직업을 찾았다고 했다. 5년 열심히 청국장 만들어 돈 모은 뒤 장사를 하겠다는 꿈이 있었다. 자기 환경에 좌절하지 않고 사는 모습이 멋졌다.

내가 일부러 사람 공부를 하기 위해 산골 공장까지 찾아다녔던 건 아니었다만, 그런 사람들과 호되게 일을 해보니 편견도 사라지고 사람 보는 눈도 한층 커지더라. 결국 사람을 배우려면 사람 속에 있어야 하는 거고 그들과 함께 실컷 일해 봐야 하는 거더라. 사람이 각자의 입장과 사고에 따라서 삶의 방식이 다를 수 있다는 거, 그런 사람에 대한 이해, 그건 경험이 없으면 절대 느낄 수 없는 거였다.

【 우리가 한통속이 되려면 남들과 같이 사는 법 】

정|찬|우|의|혼|잣|말
내 인간 관계의 법칙 ,
사람은 다 똑같다

　사람을 만날 때 누구를 만나든 나는 한 가지만은 지킨다. 어린 사람한테 절대 얻어먹지 않는다는 거. 그 사람이 나한테 사야 할 어떤 이유가 있다면 모를까, 단순한 친목도모로 만나는 거면 내가 산다. 그 사람이 재벌이라도. 어려워하거나 조아리는 거, 그런 거 안 한다. 그럴 이유가 뭐 있나. 사람 대 사람으로 만나는 거지, 위치 대 위치로 만나는 게 아니지 않나. 그래서 그런가 오히려 돈 좀 있다는 사람들이 나를 편안해하는 게 느껴진다.

　내 인맥 형성의 법칙은 그거다. '사람은 다 똑같다.' 돈이 많든 적든 높고 낮음 없이 모두 평행선 위에 사는 거다. 나이 똑같이 먹고 밥 똑같이 먹으면서 말이다. 물론 돈 많은 녀석들이 더 좋은 걸 먹을 수 있을지 모르겠다만, 하루 24시간을 똑같이 쓰면서 사는 건데 상대가 그저 돈이 많다는 이유로 내가 기죽을 이유 없는 거다. 특별히 그 사람들한테서 도움 받을 일도 없는데 말이지.

　설사 재벌 친구가 나한테 "형, CF 하나 줄게" 하고 제안을 했다 치자. 일단 그게 내 컨셉과 맞아야 할 수 있으니 나도 고민해봐야 하는 거고, 그래서 CF를 찍었다고 해도 그 사람에게도 이로운 게 있으니 하는 거 아닌가. 내가 일방적으로 덕을 보는 건 아니란 말이다.

누가 누구에게 기죽을 필요 없다. 내가 어떤 관계에서든 당당한
건 이런 단순 논리다. 나는 사람 가리지 않고 만난다. 기업체 사장
부터 동네 PC방 직원, 약사, 영업사원까지, 각계각층으로 다양한
사람들과 알고 지낸다. 가릴 게 뭐 있나, 다 똑같은 사람인데.

홀로 백수로 남다보니 자격지심에 인간관계도 영망이 되는 거 같아요

서른한 살 백수 청년입니다. 친한 친구들이 먼저 다 취업한 상태에서 혼자 취업준비를 하다 보니 마음이 많이 의기소침해지네요. 최근엔 친한 친구들끼리 장난삼아 던지는 농담들, 깎아내리는 말투에 기분이 속~ 나빠지고요. 그래서 요즘은 뭘 해도 자꾸 혼자 하게 됩니다. 영화도 혼자 보고, 밥도 혼자 먹고, 차도 혼자 마시고요. 이 외로움이 때론 지겨울 때도 있지만 주변 사람들에게 상처받는 것보다 낫겠다 싶어 견딥니다. 취업이 언제 될지도 모르는데 언제까지 저 이렇게 살아야 할까요? 사람들과 편하게 어울려 가깝게 지내는 방법 어디 없을까요?

전화기에 대고 말해라. "나 오늘 돈 없는데, 너 만나고 싶다."

사람들과 가깝게 지내고 싶다면 연락을 해야 하는 거다. 지금 당신이 다른 사람에게 연락할 때 가장 편한 방법이 뭔가. 전화? 카톡? 이메일? 어려울 게 뭐 있나. 자기가 편한 방법으로 연락해봐라. 전화든 카톡이든. 망설이지 말고 지금 당장 하는 거다. "나 오늘 돈 없는데 너 만나고 싶다. 네가 한잔 사라." 이러면 되는 거 아닌가.

입장을 바꿔 생각해보라. 내 친구가 있는데 취업도 못 하고 있다. 그 친구가 오랜만에 전화를 했다. 나하고 한잔 하고 싶은데 자기가 돈이 없으니 나더러 사라고 한다. 그러면 당신은 노! 하겠나? 난 오히려 전화 준 그 친구가 반가울 것 같은데. 뭐 물론 싫은 놈이라면, 습관적으로 벗겨먹는 놈이라면 사주기 싫을 수도 있겠다. 근데 그게 아니라면 오랫동안 못 만났다던 친구 술 한잔 사주는 거 어려운 일 아닌 거다.

비록 얻어먹더라도 술 한잔하며 사는 얘기도 하고 정보도 주고받고 그래야 당신 인생이 풀리고 관계가 맺어지는 거다. 친구한테 폐 끼치는 것 같아 들었던 전화기 놓으면, 그렇게 만남을 미루다 보면 자꾸 움츠러들게 되고 결국은 홀로 남게 되는 거다. 사람들과 가까이 하고 싶다면 연락해라. 카톡, 이메일, 무료잖아.

동창회 같은 데 가면 주로 잘 나가는 애들이 많이 나오고 그런 녀석들이 기를 펴고 판을 친다. 그런데 웃긴 게, 그렇게 자신 있는 놈들이 빚도 많이 지고 있다는 거다. 어떻게 된 게 50억 빚진 놈들이 3, 4천 빚진 놈들보다 더 당당하다. 세상이 그렇게 웃긴 거다. 내가 지금 돈도 없고 잘 안 나간다고 기죽을 거 없다. 당신 50억 빚 없지 않은가. 안으로 들어가지 말고 밖으로 나오란 얘기다.

내 얘긴데, 초등학교 5학년 때 전학 온 놈이 있었다. 집도 가까운 데다가 자주 같이 놀다 보니 단짝 친구가 됐다. 서로 다른 고등학교를 갔지만 그래도 친하게 지냈다. 그런데 이놈이 4수를 했나, 5수를 했나, 대학을 아주 늦게 갔다. 그러다 보니 졸업하고 나서 취업하기가 힘든 거라. 게다가 이놈 키가 초등학교 6학년 때 키 그대로에 머리까지 벗겨지는 거다. 아직 20대인데. 친구들은 다 자기 일을 하고 있는데, 본인은 직업도 없이 나이만 먹고 외모도 그렇고 하니까 점점 의기소침해져 갔다. 폐쇄적이 되고. 내가 가끔 연락해 만나서는 그러지 말라, 다독거리고 그랬다.

그런데 어느 날 이놈이 나한테 50만 원을 빌려달라는 거다. 빌려줬다. 친구니까. 그러고 나서 연락이 끊겼는데, 그놈이 죽었다는 소식이 들려왔다. 자살을 했다더라. 그때가 서른 살쯤 됐나. 동생이랑 장사를 하다 잘 안 돼서 사채까지 쓰고 결국 비관 자살을 했다는 거다. 알아서 혼자 살려고 발버둥 치다 알아서 혼자 간 거지.

내가 그때 친구들이랑 술 마시면서 한 얘기가 있다. "야~ 이 새끼, 연락이라도 했으면 이렇게 되진 않았을 텐데. 못난 놈, 그래 전화 한 통도 못 해?" 톡 까놓고 자기 사정 얘기하고 도와 달라, 그랬으면 도와줬거든. 문은 친구들이 닫은 게 아니라 그놈이 닫은 거다. 혼자 해결하려고 했겠지. 아무것도 없는데 혼자 뭘 해결하나. 안 되는 거거든.

이게 극단적인 예 같지만 그런 거다. 마음을 닫고 한 달, 두 달, 1년, 연락을 안 하다 보면 어느 날 정말 주위에 친구가 없는 거다. 갑자기 연락하려니 더 민망하고, 전화번호 숫자 하나 누르기도 어렵고. 절대 이러면 안 된다. 잘 나가든 못 나가든 문을 열고 있어야지. 나 이렇게 있다. 보여야 손짓도 하고, 저놈 힘들구나, 도움을 줄 생각도 할 거 아닌가.

정찬우 근데 자살이요. 그게 그렇게 쉬운 게 아니래요. 누가 그러는데 베란다에서 뛰어내리려면 베란다 난간에 다리를 세 번 이상 걸쳐봐야 한대요. 절대 한 번에 못 뛰어내린다는 거지. 죽어야지, 마음먹고 한 번에 확 죽은 사람이 없다고 하더라고요. 죽는 게 그만큼 무서운 거라는 거죠. 웃긴 얘기가 있는데, 죽으려고 기찻길에 들어간 놈이 빵을 먹고 있었대요. 왜 먹나? 물으니, 배고파서 먹는다는 거지. 죽을 놈이 빵을 먹고 있다니. 근데 그게 사람이에요.

편집자 그럼 선생님은 살면서 가장 힘들었을 때가 언제였어요? 정말 죽고 싶다. 이런 생각했을 때요.

정찬우 최고 힘들었을 때가 아버지 교통사고 당하고 집안 엉망 되었을 때에요. 그래도 극단적인 생각은 안 했어요. 저는 정말 바보 같은 짓이라고 생각해요. 자살하는 거. 그렇게 죽으면 남은 사람들은 뭐야. 그 사람들 가슴에 대못 박고 죽는 거라고. 그게 연쇄살인과 다른 게 뭔가요.

친구 아버님이 암 말기 판정을 받으셨는데 어떻게 위로하죠?

Question 32

친한 친구 녀석이 며칠 전, 약간 술에 취한 목소리로 전화해서 말하더군요. "울 아버지 몇 달 못사신대. 췌장암이란다. 나 어쩌면 좋냐?" 초등학교 때부터 골목에서 딱지치기하며 놀던 친구라 그 친구 집에도 자주 갔었고, 또 아버님과 눈인사도 나눈 적도 있어 마음이 쓸쓸하고 안 좋더라고요. 또 우리 부모님께도 언젠가는 닥칠 수 있는 일이라는 생각에 슬프기도 하고요. 친구네 집은 갑작스런 날벼락으로 초토화된 상태입니다. 경제적으로 큰 도움을 줄 순 없겠지만 제일 친한 친구로서 따뜻한 위로의 말 한마디라도 건네고 싶은데 어떻게 해야 할지 모르겠네요. 이런 상황에서 제가 할 수 있는 가장 최선의 방법은 뭘까요?

Chan woo' Answer

당신이 해줄 수 있는 말이 없다

굳이 위로의 말을 하려고 하지 마라. 당신이 해줄 수 있는 말이 딱히 없다. 그렇지 않은가. 아버지가 말기 암이라는데, 아무리 좋은 말을 한들 그게 와 닿겠나? 그럴 땐 쓰디쓴 술 한잔 같이 하는 것밖에 없다. 그냥 옆에 있어 주는 거다. 백 마디 말보다 마음으로 함께 하는 게 위로가 된다. 나, 네 아픔 안다, 힘내! 술 한잔으로 그렇게 친구의 마음을 적시는 거지.

'이 또한 지나가리라'는 말, 진짜 멋있는 말 같다. 사람은 망각의 동물이고 잊어버리니까 살 수 있는 거다. 지금 당신 친구에겐 무지 힘든 시간이겠지만, 그 친구에게도 시간은 흐를 것이고, 그 시간이 지나가는 동안 그 친구 곁에 있어줘라. 그게 제일이다.

이거 한 가지는 그 친구에게 권해도 괜찮겠다. 아버지와 여행을 갈 수 있다면 꼭 가보라는 거. 아버지에게 남은 시간, 최대한 같이 보내라는 거. 함께 보내는 시간, 아마 그게 자식이 아버지에게 마지막으로 드릴 수 있는 가장 큰 선물이 아닐까 싶다.

정|찬|우|의|훈|잣|말

아 버 지 처 럼

　　아버지처럼. 이게 내 핸드폰 창에 써놓은 문구다. 나에게 있어 아버지는 참 위대한 존재다. 내게 삶을 주셨고, 또 멋지게 살아가는 방법을 당신의 삶을 통해 가르쳐주셨으니까. 어찌 보면 종교가 없는 나에게 아버지는 종교와 다름없었다. 근데 그런 아버지가 느닷없이 교통사고를 당하셨고 1년 반이나 식물인간 상태로 계셨다. 그리고 깨어나셨을 땐, 여섯 살 아이가 되어 있었다. 사고 후유증으로 지능이 6세 수준이 되었던 거다.

　　아버지가 그렇게 깨어나신 후 가족들 모두 힘든 시간이 이어졌다. 여섯 살이 된 아버지가 하루에도 밥을 스무 번씩 차리라고 하는 거다. 매일매일 그걸 어떻게 차리나. "아버지, 그만하세요." 말리면 "이놈" 하면서 막무가내로 힘을 쓰는 거다. "왜 이러세요" 막으면 아버지가 정색을 하며 이러는 거다. "아들놈이, 어디 감히 아버지를!" 너무 웃기지 않은가. 머리는 여섯 살 수준인데 당신이 아버지고 내가 아들이란 건 알았으니까.

　　또 노래 부르는 걸 원체 좋아하셨던 아버지는 사고 후엔 쉼 없이 노래를 불렀다. 한번 노래를 부르면 쉬지도 않고 하루 종일 노래를 불렀다. 그 때문에 옆집에서 항의를 하기도 했다. 골치 아픈 일이 한두 가지가 아니었다. 오히려 치매면 좀 나았겠다 싶었다. 치매는 잠깐이라도 정신이 돌아올 때가 있으니까. 근데 아버지는 내내 그냥 떼쟁이 여섯 살이었던 거다. 과자 먹는 애들 보면 뺏어 먹어야 하고, 아이스크림 먹는 애들 보면 그것도 뺏어 먹어야 하는 여섯 살 아이. 살아오는 동안 그때가 가장 힘든 순간이었던 듯싶다. 내가 한없이 존경했던 아버지를 내 힘으로 막아서야 했을 때. 정말 마음이 무너지더라.

그런 아버지에게 내가 해드릴 수 있는 거라곤 딱 하나, 목욕탕에 모시고 가는 거였다. 근데 그 일이 수월치 않은 일이었다. 목욕탕에서도 여지없이 소리를 지르고 노래를 부르며 정신 없으셨으니까. 그런 아버지를 사람들이 힐끗힐끗 쳐다보는데 어떻게 해야 할지 난감하기만 했다. 어떻게 어떻게 목욕을 시켜드리고 집으로 가는 길엔 더 큰 난관이 있었다. 워낙에 차를 좋아했던 아버지가 길에 있는 모든 차들이 다 아버지 차라고 생각했던 거다.

"야, 타!" 그러면서 아무 차나 문을 막 열었다. "이거 아빠 차 아니에요." "아빠 차야!" 이러면서 5분은 실랑이를 벌여야 했다. 근데 그렇게 진정을 시키는 것도 잠시 가다가 또 다른 차가 나오면 그것도 아버지 차라고 우기는 걸 반복했다. 자가용이든 트럭이든 뭐든 상관없이 아버지 마음에 드는 차는 무조건 아버지 차였다. 목욕탕에서 집까지 걸어서 5분 거린데 한 시간이 걸렸다.

당시에는 하루하루가 무척 힘들었다. 근데 그런 아버지가 막상 떠나시고 나니까 후회가 들더라. 1년 남짓, 그 짧은 시간이었는데 실컷 노래 부르시게 할걸, 실컷 과자 드시게 할걸, 실컷 소리 지르시게 할걸. 그나마 그때 내가 아버지와 함께 목욕탕이라도 가고 그래도 아버지 곁에서 시간을 함께 하려고 애썼던 게 참 잘했다는 생각이 든다. 그래서 나는 누군가 부모와의 이별을 앞두고 있다면 그렇게 말한다. 최대한 부모님과 함께 시간을 보내라고. 그게 마지막 효도라고.

세월이 흐를수록 아버지한테 멋지게 술 한잔 사드리지 못한 게 한이 된다. 잘 사는 모습 보여드리지 못한 것도 한이 되고. 그런 순간엔 이런 생각을 한다. '아버지처럼' 사는 게 아버지에게 잘해드리는 길이겠다라는 생각. 교통사고를 당하기 전까지 아버지는 나를 붙들고 이런저런 얘기를 참 많이 해주셨다. 평상시에도. "아버지가 말이야" 이러면서 얘기를 시작하면 끝도 없었다. 참 자식들한테 잘하고 자상하신 분이셨다.

나도 요즘 중학생 아들과 밤늦도록 얘길 한다. "아버지가 말이야" 이러면서. 좀 이르다 싶기도 하지만 얼만 전에는 술 한잔도 건넸다. 우리 아버지가 나한테 그랬던 것처럼. 아버지가 가르쳐준 삶, 나도 내 아들에게 그 삶을 전해주고 싶다. 아버지 잘 계시나요?

유부남과
사귀는 친구,
말려야
Question 33
할까요?

20대 초반 여대생입니다. 제 친구가 유부남과 사귀고 있는데요. 아르바이트 하는 곳에서 만나 친하게 지내다 어느새 꽤 깊은 사이가 된 거 같더라고요. 그 유부남은 저도 몇 번 만나봐서 알지만 결코 가정을 깰 남자도, 그렇다고 제 친구랑 헤어져 줄 만큼 배려심 깊은 남자도 아닙니다. 걱정되는 마음에 한 번은 친구를 붙잡고 "당장 헤어져라! 너만 상처받는다"라고 말했더니 자기가 얼마나 힘든지 모른다고 화를 내더군요. 아무리 친한 친구라고 해도 간섭할 일이 아닌가 보다 싶어 그만두려고 했는데, 최근에는 2년 동안 열심히 든 적금을 깨서 그 남자랑 타고 다닐 차를 산다고 난리네요. 여기서 더 독하게 말려야 할지, 아니면 그냥 모른 체 하는 게 나을지 고민인데 어떻게 해야 할까요?

Chan woo' Answer

남의 사랑 건드리는 거 아니다

어떡하긴 뭘 어떡하나. 가만히 놔둬야지. 남의 사랑 건드리는 거
아니다. 사랑은 사랑하는 당사자 둘만 안다. 친구가 당신에게 말했
다고? 분명히 다 말하지는 않았을 거다. 어디 얘기할 데가 없으니
까 답답한 속 좀 털어놨겠지. 정작 내밀하고 디테일한 사정은 그
두 사람만 안다고. 괜히 어설프게 이래라, 저래라 하는 거, 친구에
겐 쓸데없는 참견일 수 있다.

내가 실제로 당한 얘긴데, 이런 거하고 똑같다. 어딜 급히 걸어가
고 있는데 대로변에서 어떤 남자랑 여자랑 싸우는 거다. 남자가 여
자를 막 때리고 여자는 일방적으로 맞고. 내가 볼 땐 싸우는 게 아
니라 남자가 여자를 거의 폭행하는 수준이었다. 말이 안 되잖아.
아무리 열 받았어도 그렇지, 여자를 때리다니.

내가 남자를 확 잡아 제압하면서 쌍꺼풀진 눈 부라리며 말했다.
"지금 뭐하는 겁니까? 말로 하지 왜 여잘 때려요?" 그랬더니 남자
는 찍소리도 않고 있는데 맞고 있던 여자가 앙칼지게 쏘아붙이는
거다. "댁이 무슨 상관이에요? 우리끼리 싸우든 말든, 맞든 때리든
왜 참견이냐고요." 나 아무 말 못 하고 그냥 가던 길 갔다. 그 이후
로 절대 남녀 사랑 문제에 안 끼어든다. 이제 알았나? 사랑은 두 사
람만 아는 거라고.

근데 당신 보기에 나쁜 남자인 거 같은 그 유부남, 진짜로 당신

친구를 사랑하는 걸 수도 있다. 당신 친구보다 더 힘들 수도 있고. 정말 사랑한다면 얼마나 힘들겠나. 와이프 속이면서 여자 만나야지, 만나면 볼 때마다 미안하지, 자식들이 아빠, 아빠, 하는데 죄스럽지, 자식들 때문에 이혼도 못 하지, 해골은 터질 것 같지. 기본적으론 잘못된 거지만 그 입장에선 굉장히 힘들다고. 그리고 남들이 볼 땐 그릇된 사랑이라도 두 사람에겐 진짜 사랑일 수 있다. 둘이 진짜면 진짜인 거지.

내가 볼 때 당신 친구, 십중팔구 그 남자랑 헤어지게 될 거다. 남자가 이혼하지 않는 한 말이다. 친구가 아직 대학생이잖아. 대학생이면 남자들 만날 기회가 앞으로 많이 있다고, 분명히. 당장 뜯어말리고 싶겠지만 일단은 그냥 놔둬라. 그들 사랑 그들이 겪게 놔두라고.

근데 그 남자가 당신 친구를 대상으로 엔조이하는 게 누가 봐도 명백하다, 그러면 그땐 그 자식 와이프한테 일러바쳐라. 친구 미래가 달렸으니. 하지만 둘이 정말로 사랑하는데 가서 일러바치면 당신이 친구하고 끊긴다. 사랑 참 복잡한 거다.

친한 선배와
동업을 준비 중인데
관계가 틀어질까
걱정돼요

형제처럼 지내는 친한 선배와 동업을 준비 중입니다. 초등학교 때부터 알던 사이고 와이프끼리도 서로 가족처럼 지내는지라 확실한 믿음을 갖고 있는 사이입니다. 친 형제에게도 맡기기 어려운 집문서를 서로 믿고 맡길 정도니까요. 근데 아무리 친해도 동업을 같이 하려니 여러모로 살짝 걱정이 되네요. 형은 침착한 반면 너무 신중해서 결단력이 부족하고, 전 과감한 반면에 좀 덜렁대는 스타일인지라 평소에도 작은 마찰이 있었거든요. 사업은 자기 주관을 갖고 하는 거라서 의견 충돌이라도 일어나면 어떻게 조율해야 할지 염려됩니다. 주변 사람들도 친한 사람일수록 선을 분명히 지켜야 한다고 충고하고요. 동업할 때 가장 조심해야 할 게 뭘까요?

19년 '컬투 동업'의 비밀은 이거였다

각자 다르다는 걸 인정할 것. 그게 동업을 준비하는 당신에게 가장 먼저 해주고 싶은 말이다. 그게 19년째, 태균이와 컬투라는 동업을 해오면서 깨달은 바다.

가끔 이런 질문을 받는다. 두 분, 트러블 없으세요? 두 사람이 함께 한 가지 일을 하는데, 트러블이 없다? 그게 가능한 일일까? 동업을 하자면 싸우고 삭히고 풀고. 이런 과정은 지극히 당연한 거다. 우리 역시 그랬다. 나와 태균이는 성격이 참 다르다. 내가 거칠다면 태균이는 섬세하다. 내가 도전을 즐긴다면 태균이는 안전을 원한다. 컬투 초창기 시절, 우리는 이렇게 달라서 다투기도 했다. 근데 어느 정도 시간이 흐르니까 알겠더라. 우리가 이렇게 다르기 때문에 서로 보완할 수 있는 동업자라는 걸. 그러면서 그동안 내가 너무 내 기준에만 맞추려고 했구나라는 생각도 따라 붙더라. 태균이의 영역을 인정하자. 그러고 나니까 마음이 편해지더라. 일도 쉬워지고.

그래서 나는 오히려 당신의 동업자가 당신과 극과 극이라 당신에게 딱 맞는 동업자의 조건이 아닐까 싶다. 우리가 그랬던 것처럼 서로를 보완해줄 수 있으니. 물론 각자의 영역을 인정해주려는 마음을 먼저 갖는 게 전제 조건이겠고. 그게 오랜 동업의 비결이다.

편집자 동업자인데, 김태균 씨가 다른 분하고 사업을 하면 서운하지 않으세요?

정찬우 왜 서운해. 이미 자기 와이프랑 했었어요. 쇼핑몰. 그게 왜 서운해.

편집자 컬투라는 이름을 팔지 않으면 어떤 사업을 해도 상관없다, 이런 건가요?

정찬우 컬투의 김태균, 팔면 어때. 컬투의 김태균이잖아. 전혀 상관없어요. 요만큼도. 저 녀석 생각은 어떤지 모르겠지만 저는 그래요. 그게 무슨 문제예요. 자기가 하고 싶다는 데. 뭐 마약을 팔지 않는 이상. 그렇잖아요. 사회에 물의를 일으키는 일이 아니면 자기 인생인데.

편집자 그만큼 서로에 대한 믿음이 있는 건가요?

정찬우 믿음하곤 좀 다르죠. 그건 개인의 삶이잖아요. 팀이라는 명분으로 그 선택까지 막으면 자유를 막는 거잖아요. 그러고 싶지 않아요. 근데 그게 정말 누가 봐도 이상해. 이런 거면 만류는 해야죠. 그렇게 만류하는데도 해야 하겠다면 어쩔 수 없는 거고.

사기당한 후로 사람을 못 믿겠습니다

Question 35

사업을 하다가 얼마 전 사기를 당했습니다. 아는 분이 국가 지원도 받는 믿을 만한 사업이라고 소개해줘서 투자하게 됐는데요. 처음 몇 달은 수익이 나면 꼬박꼬박 나눠주는 거 같더니, 곧 돈도 들어오지 않을 뿐만 아니라 그 아는 분도 연락을 받지 않는 겁니다. 설마, 설마 하는 마음으로 기다리기를 세 달. 결국 경찰에 신고하고 알아보니 저뿐만 아니라 다섯 명 정도가 사기를 당한 거 같더라고요. 어렵게 직장 생활해서 모은 돈으로 투자한 사업인지라 돈을 잃어버린 것도 억울하지만 다시 일어설 수 있을지 절망스럽기만 하네요. 사람에 대한 배신감도 크고요. 다시 새로운 일에 도전을 해야 하는데 이제는 사람 만나는 게 덜컥 겁이 납니다. 사기 당하지 않는 방법, 어디 없을까요?

Chan woo' Answer

사람에게 속는 것도 과정이다

어떤 사업을 하면서 사람에게 한 번도 안 속고 할 수 있는 방법? 그런 방법 있으면 내가 알고 싶다. 사람 속이는 건 당할 방법이 없더라. 사기 '꾼'이지 않은가, 꾼.

우리도 치킨 사업 시작하면서 사람 때문에 정말 애 많이 먹었더랬다. 같이 사업을 하겠다는 사람이 두 명 있었는데, 우리가 모르는 게 많으니까 그쪽이 막 속이려고 하는 거다. 그 사람들 잘못된 걸 알고도 욕심내더라. 우리는 왕초보 그쪽은 전문가, 이러니까 어떻게 할 수가 없더라. 사업 준비하면서 그게 제일 어려웠다. 그래서 사업 시작할 때까지 시간이 오래 걸렸다. 속이는 게 보이면 멈추고 라인업을 다시 하고. 이런 과정을 반복하다 보니 오래 걸릴 수밖에 없더라. 결국 사업은 사람이더라.

근데 참 안타깝게도 사람은 겪어보지 않으면 알 수가 없는 거다. 그 사람이 믿을 만한 사람인지 아닌지 판단할 수가 없다고. 같이 일을 해보고 거래를 해봐야 사람을 안다. 그러니까 어쩔 수 없는 거다. 또다시 새로운 사업을 하려면 그런 리스크는 감당할 수밖에 없는 거다. 그러니 속는 것도 과정이라고 생각해라. 그걸 최대한 줄이려고 해야지 어떤 일을 하면서 한 번도 안 속고 할 수는 없는 거다.

당신도 나처럼 그런 일 한번 겪어본 거다. 근데 난 그것도 중요한 거라고 생각한다. 모를 땐 안 보이는데 알면 보이거든. 한 번 속 아봤으니 적어도 다음엔 같은 유형의 사람에겐 안 당할 거 아닌가. 당신이 사기당한 거, 세상에 수업료 낸 거다.

그리고 말이다. 당신이 사업을 하다 보면 알겠지만 사람에 대한 리스크든, 제품 개발에 대한 리스크든 때로는 그런 리스크가 사업에 새로운 기회를 주기도 하더라. 지금 내가 준비 중인 온라인 쇼핑몰도 처음엔 샴푸 사업으로 구상했었다. 근데 수많은 시행착오가 사업의 방향을 바꾸더라. 수많은 리스크를 감당하다 보니 더 좋은 길이 보이더라는 말이다. 그러니까 당신 새로운 사업을 시작할 때, 좀 더 여유 있는 마음으로 도전하시라.

Chapter 4

정│찬│우│의│훈│잣│말
만 남 , 소 통 그 리 고 비 즈 니 스

대전 카이스트에 김성진 박사라고 있다. 이 친구를 보면 사람들과의 관계가, 소통이 어떻게 비즈니스가 되는지를 깨닫게 된다. 이 친구 이제 겨우 서른 살인데, '2030 CEO 100인'에 든 젊은이다. 어린 나이이지만 나라에서 주목을 하는 친구다. 내가 이 친구를 만난 건 미니홈피를 통해서였다. 5, 6년 전 어느 날 이 친구가 내 미니홈피에 쪽지를 남긴 거다. '한국의 애플을 꿈꾸는 청년입니다.' 쪽지를 보는 순간 필이 오더라. 호기심에 나도 그 친구 미니홈피에 들어갔더니 대통령하고 찍은 사진도 있고 그렇더라. 그때는 이 친구 나이가 스물넷인가 스물다섯인가 그랬다. 이 친구, 어린 나이에 대단하다 싶었던 게 뭐냐면, 폭넓게 인간관계를 하고 싶어 한다는 거였다. 내가 어떻게 사업하는지 알고 하니까 개그맨이든 뭐든 상관없이 내 생각을 듣고 싶다고 쪽지를 남긴 거였다. 나도 한번 만나보고 싶어서 쪽지를 남겼다. 그래 언제 한번 보자고.

그러고 나서는 그즈음 너무 바빠서 내가 두 번이나 약속을 취소했다. 그리고 미안해서 밤 10시에 만나러 올 수 있냐고 했더니 오겠다고 하더라. 둘이 독대를 했다. 근데 이 친구가 노트북을 켜더라. 자기가 만들어놓은 게 있다면서.

이 친구가 우리나라에서 야동 차단 프로그램을 처음 만든 친구더라. 노트북으로 얘 기술 보자마자 딱 생각했다. '얜 내가 도와줘야겠다. 진짜 이런 놈은 한국의 애플 같은 걸 만들 놈이다.'

모든 인맥을 동원해서 사람들을 소개시켜줬다. 내가 능력이 있는 것도 아니고 돈이 있는 것도 아니고 아는 게 사람이니까 사람들을 소개해준 거다. 그 사람들한테 투자를 받아서 만든 회사가 카이스트에 처음 만든 회사인 '아이카이스트'다. 이 회사가 뭐냐면, 카이스트에서 개발된 기술로 비즈니스를 하는 거다. 대부분 박사들은 비즈니스 마인드가 없지 않은가. 아주 스마트한 물건을 만들어놓고도 팔아먹을 생각은 못 하는 게 박사들이다.

근데 김성진은 머리가 똑똑한 친구다. 뭐 스티브 잡스 같은 유형의 사람이라고나 할까? 그 친구에겐 카이스트 박사들 기술을 내가 한번 팔아볼까? 이런 마인드가 있었던 거다. 기술을 그냥 두지 않고 비즈니스화 하는 거. 그게 아이카이스트였던 거다. 카이스트에서도 적극 지원해주고 있는데 그게 처음 있는 일이란다. 플라즈마 기술(아토피 치료제), 터치스크린, 세종시 스마트스쿨 콘텐츠, 그 기술을 사업화하면서 5년 사이에 아이카이스트가 엄청나게 발전했다.

모든 일의 시작은 만남이고 소통이다. 돈을 버는 것도 그렇다. 돈 벌려면 이 친구처럼 해야 하는 거라고.

난 김성진이라는 박사를 존경한다. 이제 서른 살, 어리지만 존경한다. 사람 만나는 태도나 비즈니스 마인드나 정말 대단하고 훌륭하다. 그리고 김성진을 만나면서 만남과 소통이 얼마나 중요한지를 새삼 깨달았다. 나랑 김성진이랑 만나지 않았으면 그런 일들이 어떻게 이루어졌겠나. 김성진도 적극적으로 나를 만나려 했고, 나도 마음먹고 이 친구를 도와줬고, 그래서 아이디어가 현실이 된 거다. 세상일이 관계에서 이루어지는 거더라.

김성진 이 친구가 그런 얘기를 했다. 자기 인생에는 세 명의 은인이 있는데 그중 한 명이 정찬우라고. 근데 난 그 세 명 중에 10년 동안 김성진을 후원했던 분이 정말 훌륭한 것 같더라. 중학교 때부터 대학교 때까지 매달 50만 원씩 대줬다는 거다. 중소기업 사장이었다는데 그 사장님도 처음부터 얘를 알아본 거다. 근데 그 회사가 부도가 나서 없어졌다는 거다.

내가 김성진한테 얘기했다. 너 성공하면 그분 찾아라. 꼭 찾아서 그분이 준 돈의 몇백 배를 줘라. 그게 사람의 도리다. 그렇잖나. 친척도 아니고 매달 50만 원씩 후원을 해주는 거 쉽지 않은 일이거든. 내가 그랬던 것처럼 그분도 어떻게 김성진을 만나게 됐고 소통이 이루어졌겠지. 난 그렇게 생각한다. 김성진이 꿈꾸었던 한국의 애플이 현실로 이루어진다면 그 시작은 만남과 소통이었을 거라고.

15년 우정,
돈 500만 원이
흔듭니다

Question 36

친한 친구가 돈을 빌려달라고 합니다. 고등학교 때 같은 반 짝꿍으로 만나 안지는 15년이 넘었고요. 취업부터 결혼까지 많은 일을 함께 상의하며 친하게 지낸 절친 중 한 명입니다. 몇 달 전 남편이 많이 아파 병원에 입원했다는 소식을 다른 친구에게 건너 들었는데, 며칠 전에 전화해서는 남편이 수술을 받아야 하는데 돈이 급하게 필요하다며 500만 원만 빌려달라고 하더라고요. 근데 들은 이야기로는 그 사이 친구 사정이 많이 어려워져서 빌려준 친구들이 대부분 돈을 받지 못했다고 합니다. 15년이라는 시간을 함께한 친분을 생각하면 당연히 빌려줘야 하겠지만 지금 제 사정도 넉넉지가 않은지라 고민이 되네요. 더군다나 갖고 있는 여유 자금이 없어 적금이라도 깨서 빌려줘야 할 형편이거든요. 모른 척하고 안 빌려주자니 친구 사이가 나빠질 것 같고, 빌려주자니 못 받을까 봐 걱정이 되고……. 저 어떻게 해야 할까요?

마음을 비우지 못할 것 같으면 거절을 해라

그 친구 사정이 안타깝긴 하지만 당신 돈 500만 원도 아깝다? 돈을 못 받을까 봐 걱정이다? 그럼 빌려주지 마라. 다 아는 얘기 아닌가. 돈 빌려줄 땐 받을 생각하지 말고 빌려줘야 한다는 거. 안 그러면 빌려주지 말아야 한다는 거 말이다.

얼마 전 전유성 선배님 이야기를 들은 적이 있다. 그 짧은 얘기에 관계에 대한 한 방이 있더라. 하루는 선배님이 친한 친구한테 돈을 빌려달라고 그랬다는 거다.

"야, 3만 원만 빌려줘."

그 말에 친구가 물었다더라.

"뭐 하려고?"

그러자 선배가 바로 그랬다더라.

"쓰려고 새끼야. 그만 둬."

선배님이 그러고 갔단다. 아주 짧은 얘기에 깊은 뜻이 담겨 있지 않나? 선배님 얘긴 그거다. 빌리는 사람한테 '어디에 쓰려고?' 이렇게 묻는 것 자체가 심한 말이라는 거다. 당연히 쓸데가 있으니까, 본인 사정이 어려우니까 스타일 구기면서 빌리는 거지 100만 원이 있는데 3만 원을 빌릴 사람이 어디 있겠냐는 거다. 돈을 빌려주려면 빌려주는 사람도 그 돈에 대한 생각 자체를 하지 말라는 거지. 몇 마디 안 되는 말에 전유성 선배님의 인생이 담겨 있더라.

나는 그렇더라. 나에게 돈 빌리는 친구들, 반대로 내가 사정이 어려워 돈 빌려달라고 하면 그들도 두말없이 빌려줄 사람이라는 생각이 든다. 그래서 나도 내 사정이 허락하는 한해서 이런저런 군말 없이 빌려줬던 거고. 당신도 15년이나 된 친구의 사정이 안타까워 돈을 빌려줄 생각이 조금이라도 있다면 그 돈에 대한 마음을 비워라. 아무 계산도 하지 말고 빌려주라는 거다. 그럴 자신이 없다면 빌려주지 말고. 친구 사이가 어떻게 될지, 돈을 못 받으면 어떡할지, 이런 생각이 든다면 빌려주지 않는 게 맞다. 이거 아주 간단한 문제다.

편집자 돈 빌려준 사람들과의 관계는 어떠세요?

정찬우 전 다 남아 있어요. 한 명도 어긋나지 않고.

편집자 그럼, 안 받은 채로요?

정찬우 그렇죠. 달라는 얘기도 안 해요. 내가 그런 말 안 해도 다들 미안해 하니까. 주변에선 빨리 독촉해라, 그래야 조금이라도 받는다 말하는데 그러고 싶지가 않아요. 가장 가슴 아픈 게 뭔지 알아요? 빌려간 사람은 시간이 지나면 잊는다는 거예요. 빌려준 사람은 절대 잊지 못하는데. 그게 참 가슴 아픈 일이더라고.

김작가 돈 빌리는 사람들은 뭐라고 하면서 빌리니?

정찬우 그냥 내 사정이 이러니 좀 도와 달라 그러죠. 그럼 난 그 정도는 못해줘도 얼마까지는 해줄게 이러고. 어떻게 보면 돈 빌려주는 내가 더 옳지 않은 거예요. 서로에게 상처가 될 일을 하는 거니깐. 그래서 어느 순간부터 큰돈이나 이런 건 잘 안 빌려주려고 해요. 지금은.

Chapter 5

그 여자
그 남자의
속사정

【 연애에 능통해지기 】

답은 하나다. 마음을 좀 헤프게 가지라는 거. 싸구려로 놀라는 말이 아니라, 마음을 헐렁하게 열어 놓으라는 거다. 공간이 있어야 뭘 들여놓을 마음도 먹지. 한 발짝도 들어갈 틈이 없는데 누가 들어올 마음을 먹겠나.

스물아홉
모태솔로,
탈출하고
싶어요

Question 37

올해 스물아홉 모태솔로입니다. 부끄럽지만 지금까지 첫 키스도 못 해본, 친구들은 저를 '천연기념물'이라고 부르더군요. 창피해서 누구한테 말도 못 하고, 쪽팔리는 고백이지만 사람들 앞에서 연애경험 있는 척 연기도 해봤습니다. 제 고민은 왜 저보다 못난 녀석도 여자 친구가 있는데, 특별히 흠잡을 것 없는 제가 연애를 못 하는 가입니다. 친한 친구 녀석들 소개팅 해준다는 핑계로 비싼 밥만 얻어 처먹고, 지금껏 제대로 해준 녀석 한 명도 없네요. 간단한 제 프로필을 읊자면 나이 스물아홉, 작지만 튼실한 중소기업 재직, 키 178센티미터, 흘낏 보면 박신양도 약간 닮았고. 하여튼 객관적으로 큰 문제없습니다. 저 심각합니다. 제발 모태 솔로에서 탈출하는 방법 좀 알려주세요.

Chan woo' Answer

마음을 헐렁하게 열어 놓아라

답은 하나다. 마음을 좀 헤프게 가지라는 거. 싸구려로 놀라는 말이 아니라, 마음을 헐렁하게 열어 놓으라는 거다. 공간이 있어야 뭘 들여놓을 마음도 먹지. 한 발짝도 들어갈 틈이 없는데 누가 들어올 마음을 먹겠나.

일단 눈부터 내려라. 자기 스펙은 다섯 갠데 열 개 가진 사람 찾는 거 아닌가? 그게 외모든 학력이든 마음이든. 외모는 좀 예뻤으면 좋겠고, 머리가 빈 것보다는 지적인 게 고맙고, 성격 까칠하고 제멋대로인 것보단 착하고 속 깊은 여자이길 바라는, 뭐 그런 거잖아. "나 눈 안 높아" 하는 사람 치고 눈이 높지 않은 사람 못 봤다. 당신은 아니라고 하겠지만, 실은 자기도 모르게 이것저것 다 따지고 있거든. 자기보다 위에 있는 여자만 쳐다보고 있는 거다.

여자도 마찬가지다. 나이가 서른이 다 돼서도 왕자를 기다리고 있는 여자들, 많다. 이미 왕자를 기다릴 처지가 아닌데 왜 기다리는 건지. 왕자가 어디 있나, 없다.

정말로 눈이 높지 않다? 그렇다면 다가가는 법을 모르는 거다. 아주 간단히 말해, 말을 걸면 된다. 말을 못 하는 남자가 여자에게 다가갈 수 있나? 기껏 용기를 내 다가가서는 "저기요" 이러고 가만히 있으면 미친놈이지. 대시를 하려면 말을 해야 한다, 무조건. 마음에 드는 여자가 사정거리 안에 들어왔는데도 말을 못 건다? 이

거, 심각한 문제다. 근데 이런 녀석들이 의외로 깔려 있더라고.

말을 못 하겠으면 솔직해지기라도 해라. "저기요, 제가 말을 잘 못합니다. 근데 댁이 너무 좋아요. 커피 한 잔 어떠세요." 쉽지 않은가. 이렇게 한 번 말을 해보면 그 다음엔 어떻게든 말이 된다. 사람이라는 게, 진심을 알게 될 때 사랑이 싹트는 법이거든. 물론 시도해서 잘 될 수도 있고 안 될 수도 있지. 안 되면 또 해보는 거다. 여자를 잘 만나는 사람들? 횟수가 많을 뿐이다. 횟수가 많으니까 확률이 높아지는 거다.

로또가 한 번에 딱 당첨되나? 수도 없이 해보고 또 해보고 하다가 되는 거다. 한 세 번 여자한테 대시해보고 딱지 맞았다고 난 안 된다? 그럼 그만둬야지.

거절당할까봐 두렵다고? 거절당하면 어때! 생각해봐라, 싫을 수도 있잖아. 다가가는 게 당신 자유인 것처럼 좋고 싫고 표현하는 건 그 사람 자유다. 어떤 여자가 있는데 괜찮은 것 같다. 그 여자한테 갔어. "안녕하세요" 어쩌고 말을 붙였는데 여자가 "바빠요" 저쩌고 하면서 안 받아줘. 그럼 "죄송합니다" 그러고 쿨하게 물러나면 되는 거다. 그게 무슨 문제 있나? 잘못된 건가? 아니지.

이렇게 생각해라. 여자에게 다가가는 거, 길을 물어보는 거랑 똑같다. "저기, 종로3가 어떻게 가야 해요?" 길 물어보는 거 쉽지 않은가? 다 해보지 않았는가. 길을 물어볼 때 멋지게 차려입어야 물어볼 수 있나? 상대방이 모를까봐 두려워하나? 그거 아니지 않은가. 그저 길을 알고 싶어 물어보는 거다. 상대방이 잘 알려주면 좋은 거고, 모르겠다고 하면 가던 길 가면 되는 거고.

호감 가는 상대에게 말을 건네는 거, 그냥 길 물어본다고 생각하면 된다. 길을 물어보듯이 그녀에게 가는 길을 물어보는 거다.

편집자 이 경우는 일단 누구든 사람을 만나보는 게 중요하단 말씀이신 거죠?

정찬우 그렇지. 못생긴 사람이라도 뭘 만나 봐야 알 거 아니야. 옛날에 〈안녕하세요〉에 나온 남자애 못 봤어요? 얘가 모태솔로였는데 지 여자친구한테 만날 뜯기는 거야. 밥 사줘, 반지 사 줘, 백 사줘. 근데 여자친구 사진을 보니 우와~ 무슨 여자가 나보다 못 생겼어. 근데 그 여자애한테 남자가 모든 걸 다 바치더라고. 하도 신기해서 왜 그러냐고 물으니, 그 여자애랑 첫 포옹을 했대요. 첫 키스를 하고. 여잘 만나본 경험이 없으니까 마음을 몽땅 빼앗긴 거지. 그러니까 일단 누구든 만나보라고 해. 그리고 여자가 남자 못 만나는 거 이해가 안 가. 여자는 마음만 좀 헤프게 먹으면 다 만날 수 있는 거 아닌가.

편집자 남자 입장에서 그런 거죠. 연애가 힘든 여자들 많아요.

김작가 맞아. 내 여자 후배는 길에서 술 먹고 쓰러졌는데 아무도 안 도와 줬다고 하더라고.

(크하하하)

편집자 종종 그런 슬픈 경우 있어요.

일이냐,
사랑이냐
그것이
문제로다

Question 38

대기업에 입사한지 3개월이 조금 넘은 20대 후반의 직장남입니다. 제가 다니는 회사는 대기업 중에서도 군대처럼 상하관계가 엄격하기로 유명한 곳입니다. 그러다 보니 상사가 소집하면 퇴근하다가도 다시 돌아와서 술시중을 들어야 하는데요. 신입사원이라 업무 배우는 것도 힘들어 죽겠는데 상사 비위까지 맞추려니 너무 지치네요. 여자친구와는 이제 막 사귄지 100일이 넘어서 가장 좋을 땐데 말이죠. 원래 이 시기는 하트 뿅뿅 날리면서 매일 보고 싶다고 말하고, 집 앞에 찾아가서 사랑한다고 말해줘야 하는데, 지금 제 상황에서는 이 모든 게 힘겹게만 느껴집니다. 여자친구는 이런 제가 섭섭한지 없던 투정까지 부리면서 졸라대고요. 물론 여자친구를 진심으로 좋아하고 있습니다. 그래서 참아보려고 무던 애를 쓰고 있지만 너무 버겁네요. 저, 일과 사랑 중 무엇을 선택해야 할까요?

Chan woo' Answer

일도 하고 사랑도 해야 제대로 사는 거지

누가 그러던가, 일과 사랑 중 하나만 선택해야 한다고. 세상에 일만 하고 사는 사람은 없다. 반대로 사랑만 하고 사는 사람도 없고. 일도 하고 사랑도 해야 제대로 사는 거지. 일과 사랑, 당신은 둘 다 가질 수 있다. 다 잡을 수 있는데 안 하고 있을 뿐이지.

일, 당연히 열심히 해야 하고 바빠야 한다. 일이 많으면 야근이라도 해야지. 더군다나 요즘 같이 취직이 고시인 때 몇백대일 경쟁률을 뚫고 들어간 회사 아닌가. 회사생활 열심히 하고 싶을 거다. 거기도 경쟁이니까. 신입사원이니 매일 매일 긴장되고 공부할 것도 많을 거다. 근데 여자친구가 만나자고 한다. 오늘도 야근인데 너무 피곤하다. 미안한데 우리 쉬는 날만 만날까, 이렇게 되는 거다.

여자친구 입장에선 섭섭할 수밖에 없다. 뭔가 땀이라도 흘리고 코피라도 보여주고 나서 나 이렇게 힘들게 산다 해야 '그렇구나' 공감이 되지. 상대방을 이해시키고 감동을 주려는 노력이 필요하다는 얘기다.

프레젠테이션 준비 때문에 새벽 두 시에 일이 끝났다. 내일도 모레도 마찬가지다. 여자친구는 매일 전화를 하고 문자를 날린다. 언제 볼 수 있느냐, 자기한테 너무 소홀한 거 아니냐, 섭섭해한다. 이런 여자친구가 피곤해진다면 당신은 자신에게 연애할 자격이 있는지, 여자친구를 진짜 사랑하는지부터 의심해야 한다.

여자친구를 여전히 사랑한다? 그러면 당장 여자친구 집으로 찾아가라. 늦은 밤이든 새벽이든. 그리고 전화를 하는 거다. "나 지금 너네 집 앞에 왔어, 나올래?" 여자친구가 나오면 짧은 시간 자판 커피 데이트라도 하고, 너무 늦어 못 나온다면 "그래, 많이 늦었지? 목소리 들었으니까 됐어. 그럼 간다. 잘자." 이러고 집에 오는 거다. 여기까지만 보여줘도 여자는 감동한다. 근데 이걸 안 하는 거다. 사랑 한다면서 이기적인 거지.

5, 60대도 아니고, 피곤하다는 건 핑계다. 세상에 피곤하지 않은 직장인들이 어디 있나. 일하는 사람들 다 피곤하다. 정 피곤하면 찜질방에서 사우나라도 하면서 만나든지. 피로도 풀고, 여자친구 생얼도 보고, 점수도 따고, 얼마나 좋은가. 센스 있는 여자친구라면 이렇게 말할 거다.

"자기야, 이제 자기 쉬는 날만 만나자. 난 일 열심히 하는 남자가 좋으니까."

내 딸을
데려가려면
교회에 다니라는
예비 장모님,

Question 39

결혼해야 할까요?

  결혼식이 코앞인데 헤어질 위기에 처했습니다. 여자친구와 만난 지는 3년
이 조금 넘었고요. 사귈 때부터 독실한 기독교 집안이라 마음에 걸리긴 했는
데, 막상 상견례를 해보니 양쪽 집 문화가 너무 달라서 힘든 점이 많네요. 특
히 예비 장모님이 교회 생활에 너무 열심입니다. 본인만 열심히 다니면 괜찮
은데 저한테도 교회에 나와 성경 공부를 하라고 강요하네요. 무조건 싫다는
것도 아니고 근무 시간과 겹쳐 참여할 수 없다는 건데. 어느 날은 차라리 직
장을 그만두라면서 버럭 화를 내더라고요. 도저히 참을 수 없어 헤어질까 고
민 중입니다. 이게 현명한 선택이겠죠?

Chan woo' Answer

사랑을 하려면 '하는 척'이 필요하다

결혼은 장모님하고 하는 게 아닌데 왜 포기를 하나. 정 안 되면 '척'이라도 해서 결혼부터 해놓고 봐야지. 결혼식이 코앞인데 사랑하는 여자를 비극의 여주인공으로 만들 셈인가? 사랑을 하려면 연기가 필요하다. 아니어도 '그런 척' 하는 연기.

장모님 생각을 바꾸는 건 불가능하다. 직장 그만두고 성경 공부를 하라고 할 정도면 믿음 충만하시고, 생각이 굳어질 대로 굳어진 세대 아닌가. 하늘과 땅을 바꾼다 해도 이런 사람들, 절대 못 바꾼다. 결혼을 하려면 답은 하나다. 당신이 바뀌는 것. 아니, 바뀌는 척 하는 것. 당신의 여자를 진정 사랑한다면 그렇게라도 해야지.

독실한 신도는 못 되겠지만 건성으로라도 교회에 나가면서 장모님 마음을 말랑말랑하게 만들 수 있다. "먹고살아야 하니 직장은 그만두지 못하지만, 주일 예배 꼬박꼬박 나가고 혼자서라도 성경 공부 열심히 하겠습니다." 이러면 콘크리트 벽이 아닌 이상 장모님이 한 발짝은 물러나시지 않을까. 그 다음은 일단 결혼을 하고 나서 생각해보는 거다. 나쁘지 않으면 교회에 계속 다녀보고, 안 되겠다 싶으면 계속 그런 척 연기를 하는 거고.

양심엔 좀 찔리겠지. 하지만 사랑을 위해서라면 최선이 없으면 차선이라도 택해야 할 거 아닌가. 파혼해서 큰 상처를 남기는 것보다는 결혼해서 좀 미안하게 사는 게 낫다.

대국민 토크쇼 〈안녕하세요〉에 무당하고 결혼한 여자가 나온 적이 있다. 이 여자는 원래 캐나다에 사는데 한국으로 유학을 왔다. 고민거리가 있어 점을 보러 갔는데, 점쟁이가 남자 무당이었던 거다. 몇 번 상담을 하고 같이 밥 먹고 그러다 보니 두 사람이 친해진 거다.

어느 날 남자가 여자에게 사랑을 고백했다. 여자는 오케이. 물론 이런저런 생각이 많았을 거다. 남자가 무당인데. 하지만 그것보다 더 중요한 건 이 남자가 너무너무 좋은 사람이었다는 거지.

당연히 여자 집에선 결사반대를 했다. 납득할 수 없었던 거다. 곱게 키운 딸이 다른 사람도 아니고 무당하고 결혼하겠다니. 결국 남자가 무당 일을 그만뒀다. 사랑을 위해서. 그 사람 평생 아플 거다. 신 내림 받은 사람이 무당 짓 안 하면 병난다고 하더라.

내가 이 얘기를 왜 하냐. 진짜 사랑한다면 큰 것도 포기할 수 있어야 한다, 그걸 말하려는 거다. 당신도 사랑하는 사람과 결혼하고 싶다면 하다못해 연기라도 해라. 결혼할 만큼 여자를 사랑하는데 장모님 비위 한번 못 맞춰 드리나. 종교 때문에 헤어진다면 그건 진짜 사랑이 아니다. 잘 생각해보라. 당신도 혹시 재고 있는 건 아닌지.

정|찬|우|의|혼|잣|말
정 찬 우 의 이 런 저 런 종 교 론

종교 얘기가 나왔으니 하는 말인데, 나는 사실 다른 사람을 사탄처럼 보거나 종교 때문에 결혼을 반대하는 거 이해 못 한다. 모든 종교가 공통적으로 다 한가지를 외치잖아. '서로 사랑하라.' 자기랑 다른 사람 미워하고 배척하는 건 진짜 종교인이 아니다.

이외수 선생님이 언젠가 굉장히 재미난 목사님 얘기를 한 적이 있다. 내가 정말 멋지다고 생각한 목사님인데, 이 목사님은 입버릇처럼 말한다고 한다. "나는 신도가 열일곱 명 이상 있으면 버거워. 딱 열일곱 명만 있으면 좋겠어. 근데 신도가 너무 많아." 교회들이 서로 신도들 빼가려고 난리인데 이 목사님 참 욕심 없고 깨끗하단 생각이 든다.

이 목사님이 하루는 신도들에게 말했단다. "이번 주말엔 예배가 없습니다. 대신 은행을 털 겁니다." 신도들이 깜짝 놀라 쳐다보니까 "은행을 털려면 복면과 장갑, 낫이 필요합니다. 교회 앞에 있는 은행나무를 털 거예요. 마스크도 쓰고 오세요" 하더라는 것. 찬송가 열 곡 부른 것보다 더 평화로워지지 않나?

그 교회 맞은편에 절이 있는데, 석가탄신일에는 이 목사님이 연등을 만들어 걸어주고 크리스마스 때는 스님이 성탄 케이크를 갖다 놓는다는 거다. 얼마나 감동적이야. 이게 진정한 종교적 태도인 거다. 나도 그 교회 다니고 싶더라니까.

근데 난 솔직히 종교의 필요성을 못 느끼겠다. 신앙이 있으면 일단 기댄다는 생각이 들거든. 이 세상에서 잘 못 살아도 교회 열심히 다니면 천국엔 가겠지, 그런 생각이 든다고. 나 자신이 떳떳하고 남에게 해 안 끼치고 좋은 일 하고 잘 사는데 왜 천국을 못 가나? 꼭 뭘 믿어야 천국엘 가나?

그리고 진짜 이해 안 가는 게 있다. 어떤 사람이 교통사고를 당해서 팔이 부러졌어. 이 사람이 기독교 신자야. 이 사람 하는 말이, 하나님이 도와줘서 팔만 부러졌대. 이게 말이 되는 소리야? 진짜 도와주려면 사고를 안 나게 했어야지. 팔도 안 부러지게 해주고 말이다. 너무 웃긴 거다.

어떤 후배가 나를 전도하려다 포기했다. 내가 너무 확고하니까. 저 형은 안 되겠구나. 나는 자기 종교를 막 믿으라고 강요하고 권유하고 그러는 것도 못마땅하다. 그걸 왜 권유해. 자기가 믿고 싶으면 믿는 거지. 심지어 짜증까지 내는 사람도 있다. 믿으라는데 안 믿는다고. "왜 그러니? 도대체. 얼마나 좋은지 알아?" 기독교도 그렇고 불교도 그렇고, 가기 싫은 걸 왜 자꾸 가래. 그런 거 너무 싫다.

뭐 자발적으로 믿는다면 인정해줘야지. 절에 다니고 성당, 교회 다니고 그러면서 마음 착해지고 편안해지고 그런 건 있는 거 같다. 사람이 큰일을 당했거나 너무 힘들면 의지할 데가 필요하잖아. 그런데 종교를 절대적으로 생각하고 맹목적으로 믿고 그런 건 좀 아닌 거 같다.

왜 종교가 다르다고 사랑을 갈라놓는 집 있잖나. 결혼을 반대하는 집도 있고. 그게 뭐야? 그건 종교가 아니라 횡포고 폭력이지. 아마 예수님도 부처님도 알라신도 그건 원하시지 않을 거다.

우리 가족들도 서로 종교 얘기 안 한다. 집사람이 요즘 교회를 다니는데 나한테 교회 가자고 안 하고, 우리 엄마가 불교 신잔데 엄마도 나한테 그런 얘기 안 하신다. 내가 워낙 그렇다는 걸 아니까. 그런 거지 뭐. 필요한 사람은 자기가 믿고 싶은 종교 믿으면 되는 거고, 필요 없는 사람은 알아서 잘 살면 되는 거고. 그렇지 않나?

이등병 신세,
여친의 이별 통보
받아들여야
할까요?

다음 달이면 첫 정기 휴가를 나가는 이등병입니다. 그런데 사귀고 있는 여자친구한테 이별 통보를 받았네요. 전 휴가 나가면 서로 얼굴 보고 확실하게 이야기하자 했는데, 여자친구는 이미 마음 정리했다며 뭐 하러 만나냐고 합니다. 물론 제가 군대 가고 많이 힘들었다는 거 압니다. 워낙 괜찮은 친구라 주위에서 작업 거는 남자들도 많았겠죠. 그래도 그렇지 어떻게 몇 달 만에 이렇게 빨리 변심할 수가 있나요? 저 군대에서도 시간 나는 틈틈이 편지 쓰고 전화하고 노력 많이 했거든요. 억울해서 밤에 잠도 못 자고, 입맛도 없어서 밥도 못 먹습니다. 그나마 헤어졌다고 고참들이 봐줘서 견디고 있네요. 그냥 이대로 잊어버리는 게 나을까요? 이 기나긴 군 생활 어떻게 버텨야 할지 답답하네요.

Chan woo' Answer

군대 간 남자 기다려주는 순종파, 희귀 종족이다

안됐지만 끝내는 게 좋겠다. 겨우 이등병 때 고무신 거꾸로 신은 여자가 다시 돌아오겠나. 상병이라면 또 혹시 몰라. 이해는 간다. 이등병, 여자친구가 간절할 때잖아. 더구나 사귀던 여자가 있는데 진짜 만나고 싶을 거다. 하지만 나라면 그 여자 안 만난다. 만나면 뭐 해. 마음만 아프지. 복귀할 때 기분만 더럽고.

가장 현명한 건 본인이 포기해주는 거다. 찌질하게 매달리다가 꼴사납게 찌그러지기 전에. 정말 인연이라면 다시 찾아오겠지, 생각해라. 차라리 그냥 잊고 맛있는 거 사 먹으러 PX 다니는 게 낫다.

그리고 솔직히 당신이 여자라면 군바리가 좋겠나? 싫지. 땀 냄새 나고 시커멓고 거지같고. 주변엔 매끈한 남자들이 또 얼마나 많아. 그런데 기다려 달라고 하는 것도 사실 나쁜 거다. 결혼 약속을 한 것도 아니고, 요즘 세상에 클럽이다 뭐다 그 많은 유혹 물리치고 나만 기다려라. 어떻게 보면 그게 더 이기적이지. 좋아, 국가는 내가 지킬 테니 넌 너 하고 싶은 대로 해라. 이렇게 포기해주는 게 멋있는 걸 수도 있다. 그녀에게 멋있는 모습으로 남고 싶지 않나?

군대 간 남자 기다려주는 순정파. 미안하지만 이제 이런 여자는 희귀한 종족일 뿐이다. 그리고 또 어떻게 아나. 병장 되면 자기 마음이 변할지. 여자가 결혼상대로 적합하지 않다고 생각되면 그런 경우도 많다.

나는 군대 가기 직전에 알고 지내던 여자들 모두 정리했다. 내 인생에서 이제 진정한 성인이 되는 건데, 제대하고 사회에 나가 직업을 갖고 안정될 때 여자를 만나자. 그렇게 마음먹은 거다. 물론 막상 군대라는 곳에 들어가서는 조금 후회했다. 남들은 여자친구라며 면회를 오는데, 나만 안 오니까. 오래 전에 사귀었던 여자가 면회를 온 적이 있는데, 좋긴 좋더라. 솔직히 좀 흔들렸다. 근데 그때는 이미 나도 짬밥을 어느 정도 먹은 때라 이건 아니라는 생각이 들더라고. 제대할 때까지 여자를 안 만나려고 다시 마음먹었다. 말년휴가가 나와서 지금 와이프를 만나긴 했지만.

내가 존경하는 우리 아버지께서 하신 말씀이 있다. 지금 생각해도 멋있는 말인데, 남자는 진정한 어른이 되려면 '진짜 사랑하는' 여자 차보기도 하고, 차여도 보고, 헤어져도 봐야 한다는 거다. 이 세 가지를 다 겪고 나면 진짜 어른이 된다는 거다.

당신도 여자친구에게 차이는 걸 그 세 번 중에 한 번이라고 생각하면 안 될까? 군 생활 열심히 하는 게 자기에게 오히려 득이 된다, 자기 관리 한다, 생각하라고.

정|찬|우|의|혼|잣|말
사 나 이 순 정

예전에 나는 마음에 드는 여자가 있으면 가서 대놓고 말하는 타입이었다. "제가 지금 배가 고프거든요. 맘에 드는 여자랑 저녁 먹고 싶은데 짬뽕이나 한 그릇 먹으러 갈래요?" "저, 그쪽이 마음에 드는데요, 데이트 좀 합시다." 뭐 이런 스타일? 이렇게 해서 실패한 적이 거의 없다. 여자들이 의외로 그런 거에 약하다.

그런데 사귀고 싶다고 생각하고 못 사귄 여자가 딱 한 명 있다. 대학생 땐데, 어느 날 한 여학생이 캠퍼스 언덕길을 올라오는데 시선을 확 끌더라. 예쁘고 참해 보이는 여학생이었다. 그 전에 만나던 여자랑 헤어진 아픔이 남아 있던 때라 대시는 하지 않았다. 오가다 마주치면 한 번 더 쳐다보는 게 다였지.

그렇게 1년이 지나고 나서 어느 날 딱 마음먹고 쫓아갔다. 저 여자랑 사귀고 만다, 이 결심으로. 그녀는 수업 끝나고 집에 가는 중인 거 같더라고. 그녀가 탄 버스에 무작정 올라탔다. 239-1. 몇 정거장 갔을까. 그녀가 다음 정거장에서 내릴 것처럼 가방을 메더라. 내리는구나. 쫓아가지 않는 척하며 먼저 문 앞으로 갔다. 근데 얘가 안 내리는 거다. 나도 내리지 않고 어정쩡 내 자리로 돌아와 앉았다. 그랬더니 바로 눈치를 채는 것 같더라. 아니, 내가 쫓아갈 때부터 눈치를 챘겠지. 1년이나 느끼한 눈길을 보내던 놈인데.

버스가 어디까지 갔을까. 그녀가 후다닥 버스에서 내리더니 막 걸어가는 거다. 나도 잽싸게 내려 따라갔다. 지하철 양재역으로 들어가더라. 걸음이 어찌나 빠르던지. 개찰구 통과하는 거 보고 매표구로 달려갔다. 하필 그때 지하철 패스가 없는 거다. 정신없이 표를 끊어 내려갔더니 승강장에 서 있더라고. 거기서 그녀와 30분을 얘기했다. "호감 간다, 만나보고 싶다." 그렇게 말 잘하는 놈이 완전 버벅대면서 횡설수설했다.

지하철을 타고 교대역으로 가서 커피숍에 들어갔다. 그녀가 커피 마시면서 분명하게 말하더라. "교제할 마음 없다. 부담스럽다." 그 얘기 듣는 순간부터 말을 더 못 하겠는 거다. 입이 얼어붙었는지 마비가 됐는지 제대로 말이 안 나와서 커피 다 마시고 그녀가 가기 전 내가 말했다. 우리가 사귀게 되면 당신이 나에게 변진섭 CD를 사달라, 내가 포기를 하게 되면 내가 변진섭 CD를 사주겠다. 그녀는 커피를 다 마시고 아무 말 없이 가버렸다.

그 다음부터는 김수희의 노래 가사였다. 그대 앞에만 서면 왜 나는 작아지는가. 자신도 없고 병신처럼 말도 못 하겠고. 내가 다가가면 여자가 또 부담스러워할 것 같고. 아무것도 못 하면서 그 여자 그림자만 좇는 식이었다. 집요하게. 수업 시간표까지 꿰고 있었다니까. 전자통신과 B반 시간표. 걔가 몇 시에 등교하고 몇 시에 집에 가는지도 알고, 언제 점심을 먹는지 도서관엔 또 언제 가는지까지 다 알고 있었다.

지금은 어디 강의실에 있겠구나, 지금은 도서관에 있겠구나, 식

당에 있겠구나. 시간이 되면 가서 보는 거다. 그러니 더 부담스러
웠겠지. 다가가서 말을 거는 것도 아니고 불쑥불쑥 나타나 먼발치
에서 보고만 있으니, 완전히 스토커잖아. 저 미친 새끼가 또, 그랬
을 거다.

오히려 편하게 대했으면 좀 가까워졌을 수도 있었을 텐데, 방법
이 틀린 거였다. 그러니까 이렇게 해야 했던 거다. 나랑 사귀자. 그
런데 여자가 부담스럽다고 해. 그럼 친구로 지내자. 친구는 오케이
할 거 아냐. 그러면 쿨하게 친구로 지내면서 계속 좋은 이미지 보
여주고, 감동 주고, 걔가 어떤 사람을 좋아하는지 파악해서 그렇게
행동하고, 그랬어야 했다. '알고 봤더니 괜찮은 남자군' 하고 느낄
때까지. 이건 싫다는데 파파라치처럼 계속 접근하고 찾아다니고
눈길 뻗치고 그러니 더 이상해질 수밖에 없었을 거다.

결국 내가 포기했다. 눈 하나 깜짝 안 하는데 도저히 안 되겠더라
고. 짝사랑하면서 쓴 일기장이랑 변진섭 CD를 들고 도서관에 있는
그녀에게 갔다. "저기요" 불렀더니 조금 놀라는 것 같더라. 스토커
가 또 나타난 거지. 약속 지키려고 왔다, 나도 이제 그만두고 싶다,
그러면서 CD와 일기장을 건넸다. 근데 그것마저 안 받더라. 부담
스럽다면서. 차도녀도 그런 차도녀가 없었다.

그 당시 많이 마셨던 나폴레옹 양주 사서 나발 불고, CD 부러뜨
리고, 일기장 다 찢고 난리 블루스를 쳤다. 다음 날 얼마나 후회가
되던지. 그러고 나서도 졸업식 날 또 꽃을 사갔다. 검은 벨벳 투피
스를 입었는데 정말 아름답더라고. 그냥 멀리서 보기만 했다. 가서

축하한다 말도 못 걸고 꽃다발도 못 주고. 심장이 떨려서 못 하겠더라.

그러고 군대를 갔다. 그리고 어느 날 저녁 군부대 회식 끝나고 취해 있는데 빰빠바밤 나팔소리가 퍼지면서 국기가 내려오는 거다. 근데 갑자기 그 애가 미치게 생각이 났다. 위병소에서 막 뛰어나가 공중전화로 달려갔다. 그 여자네 집에 전화했더니 남동생이 받더라고. 같은 과 친구라고 했더니 빅뉴스를 전해주더라. "누나 시집갔는데요. 캐나다로 갔어요." 땡땡땡, 마침종이 울리는 순간이었다.

다 옛날 얘기다. 지금은 캐나다 밴쿠버 어디 살고 있다는데 별로 생각나지 않는다. 뭐 처음부터 인연이 아니었던 거지. 어쨌든 사랑은 무조건 열심히 쫓아다닌다고 이루어지는 게 아니라는 걸 확실히 알게 된 짝사랑이었다.

평소엔
다정한 남자친구,
화가 나면
돌변합니다

Question 41

화가 나면 매몰차게 구는 남친 때문에 고민이네요. 1년 가까이 사귀는 동안 여자 문제로 속 한 번 썩인 적 없고, 연락도 자주 하고, 기념일도 잘 챙겨주는 편이라 다정한 면에 끌려 교제했거든요. 근데 남자친구가 한번 화가 나면 너무 매몰차게 굴어요. 그냥 매몰찬 정도가 아니라 한 2주일은 연락을 뚝 끊고 아무리 전화해도 절대 받지 않습니다. 기분이 좋을 때는 나보다 더 나를 사랑하는구나, 하는 생각이 들 정도로 잘해주는데 싸우고 나면 결국 제가 사정사정해서 다시 붙잡습니다. 물론 싸우지 않고 사이좋게 지낼 때는 저를 사랑하고 있다는 걸 충분히 느낍니다. 하지만 아무리 다정한 연인이라도 싸울 일은 꼭 생기는 법이잖아요. 화가 나면 비수 같은 말로 상처 주는 이 남자, 어떻게 해야 할까요?

off

Chapter 5

Chan woo' Answer

그 녀석 주는 상처가 크냐, 행복이 크냐 계산하시라

그 남자 나쁜 남자네. 요즘 나쁜 남자가 대세라고, 당신도 나쁜 남자에게 끌린 거다. 여자들 심리 참 이해 불가라니까. 처음엔 그런 면이 매력 있어 보여서 만났겠지. 지금은 또 바로 그것 때문에 상처를 받는 거고. 당신만 힘들지 그 남잔 아마 처음이나 지금이나 변한 게 없이 똑같을 걸? 성격 안 변하거든.

다른 거 없다. 당신이 선택해라. 그 남자의 더러운 성격 참아주며 만나든지, 그냥 헤어지든지. 이도저도 어려우면 한 번 헤어져보든가. 어차피 둘 다 힘드니까. 영영 헤어지는 거 못 하겠으면 일단 몇 달만 헤어져 봐라. 성격 안 맞는 부부 잠시 별거하는 것처럼. 생각할 시간을 갖는 거지. 그 녀석이 정말 나한테 필요한가? 자기를 갑, 나를 을로 아는 생 나쁜 놈인가? 그 나쁜 남잘 내가 진짜 사랑하긴 사랑하는 거야? 계속 생각해보는 거다.

그러다 보면 그 녀석이 주는 상처의 크기가 큰지, 만나면서 느끼는 행복의 크기가 큰지, 알 수 있다. 마음의 계산기로 '탁탁탁-' 두드려보면 플러스마이너스 답 나오는 거다.

남친의
쇄골 키스가
부담스러워요

Question 42

　　남자친구와 사귄지는 두 달이 좀 넘었습니다. 근데 스킨십이 너무 빨라 부
담스럽네요. 물론 20대 후반인 만큼 경험도 있는지라 어린애처럼 아무 것도
안 하겠다 배짱을 부리는 건 아닌데요. 아무리 그래도 그렇지 마음의 준비라
는 건 필요하잖아요. 근데 남자친구가 성격이 급해서인지 진도가 예상보다 너
무 빨라요. 저는 약간 보수적인 편이라 너무 빠르게 다가오면 덜컥 겁이 나는
데 말이죠. 며칠 전에는 예상치도 않은 타이밍에서 제 쇄골에 키스를 하더라
고요. 너무 놀라 아무 말도 못하고 뒤로 살짝 빼며 피하기는 했는데, 혹 남자
친구가 기분이 나쁘진 않았을지 걱정도 되고요. 지금 분위기로 봐서는 앞으로
도 계속 접근해올 거 같은데, 남자친구의 빠른 진도 기분 안 나쁘게 거절하는
방법 없을까요?

Chan woo' Answer
정중하게 말로 타이르라

나는 먼저 물어본다. 오빠가 키스해도 되니? 여자 친구에게 먼저 의견을 물어보고 쇄골이든 해골이든 입술에든 키스를 해야지. 왜 아무 데나 주둥이를 들이밀고 난리인가. 자고로 남자라는 동물은 의외로 멍청해서 말을 해주지 않으면 못 알아듣는다. 능력도 있고, 추진력도 있는데 눈치가 없다. 여성은 구조적으로 남자보다 감정적인 세포가 더 발달되어 있다지 않은가.

나도 스킨십을 시도했다가 거절당해본 적 있다. 호감을 가지고 만나던 여자에게 기회를 노려 키스 하려는데, 어~ 어~ 하면서 피하더라. 진짜 하기 싫은 표정이더라고. 그래서 미안하다고 했다. 너 아직 준비가 안 됐구나? 그래서 그 다음부터는 방법을 바꿨다. 물어보는 거로. 오빠가 키스하고 싶은데 해도 되니?

여자와 남자가 서로 사랑했다가 헤어졌다고 치자. 여자가 아무 말 없이 떠나가면, 남자들은 여자가 떠난 이유를 알고 싶어 환장한다. 여자는 단지 그 남자를 사랑하지 않기 때문에 떠난 건데, 남자는 분명한 이유를 설명해줘야 직성이 풀리는 동물인 거다.

물론 20대 후반의 혈기 왕성한 남녀가 이성으로서 좋은 감정을 가지고 교제를 시작한다는 건, 몸의 접촉도 동시에 시작한다는 걸 의미한다. 몸의 진도와 마음의 진도가 함께 출발한다는 거다. 이걸 부정한다면, 더 이상 얘기할 게 없다. 그건 플라토닉 러브라고 하는 또 다른 영역이니 내 전문이 아니다. 그쪽 계통의 전문가를 찾아가면 될 거다.

여자들이여, 남자들에게 말을 해주자. 남자가 쇄골이나 해골에 키스를 하려거든 정중하게 말로 타이르자. 아직은 아닌 것 같다고. 그 남자가 충분히 이성적인 면이 있고 제대로 된 심성의 소유자라면, 솔직하게 얘기를 하면 된다. 아직 준비가 안 되어 있으니, 천천히 진도 나가자고. 정중하게 표현하면, 왜 이해를 못 하겠나. 남자는 말을 해줘야 알아듣는다니까.

그런데 만약 정중하게 얘기를 했음에도 불구하고 계속 당신에게 들이댄다? 머리는 좋은데 말귀를 못 알아듣는 놈이다. 말을 하면 알아들어야지. 그것도 못하는 인간에게 어떻게 인생을 맡기겠나. 그 인간은 짐승이 확실하니 격리를 시키든, 한 대 때려주든, 보지 않으면 그만이다.

여기서 한가지 짚고 넘어가자. 당신은 지금 무엇 때문에 고민을 하고 있는 걸까. 경험이 없다는 거다. 지금까지 살아오면서 몇 명의 남자와 사귀어 봤는지 모르겠으나 최소한 몸의 진도를 팍팍 나가본 적은 없는 거다. 근데 그러한 당신에게 최근에 나타난 그 남자는 몸의 진도도 당연히 나가야 하는 거 아니냐며 들이대고 있는 거고. 남자친구가 당신 쇄골에 키스를 했다는데, 당신 나이 또래의 연인이라면 더한 부위에도 키스한 사례 부지기수일 거다. 다만, 준비가 되어 있지 않은 당신을 제대로 읽지 못했을 뿐이지.

남자도 마찬가지다. 돌다리를 무턱대고 건너는 놈, 돌다리를 지팡이로 두들겨 보고 건너는 놈, 무턱대고 건너는 놈과 지팡이로 두들겨 보고 건너는 놈을 지켜 보고 건너는 놈도 있는 것이다.

어쨌든, 당신은 20대 후반의 성인 여성이다. 남자와 교제를 한다면, 마음의 진도만 나가는 것으로는 제대로 된 교제가 아니라는 걸 알아야 한다. 남녀가 호감을 가지면 손을 잡게 되고 손을 잡다 보면 어깨를 기대고 싶어진다. 그러다 보면 안게 되고 그러면서 키스도 하게 되는 거다. 알면서. 무엇이든 처음이 어렵다. 처음 하는 데 부자연스럽지 않다면 그게 이상한 거다.

마음이 가면 몸이 가고 싶은 게 사람이다. 몸이 멀어지면 마음이 멀어진다는 말, 틀린 거 아니다. 지금, 당신이 고민해야 하는 건, 그 남자가 들이대는 걸 불안해하며 어떻게 거절하면 좋을지 고민해야 하는 게 아니다. 그 남자와의 마음의 진도를 측정한 후, 그에 걸맞은 몸의 진도는 어디까지가 좋을지 진지하게 생각하고 조율하면 좋겠다.

그런데 하나만 물어보자. 키스를 하려면 입술에다 하지 왜 쇄골에다 하나? 해골 복잡해서 난 잘 모르겠다.

정찬우 근데 왜 스킨십이 부담스러운 거지?

편집자 여자는 마음의 준비가 안 되어 있는 거겠죠. 스킨십의 속도 차이.

김작가 거절당해 본 경험이 없나?

정찬우 당해 봤죠. 여자들 어~ 어~ 이러잖아. 그럼 난 미안하다. 준비 안 됐나 봐. 그랬거든. 그러고 나서 다음에 물어 봤어요. 키스해도 되니? 근데 여자들 그렇게 물어보는 거 싫어하지 않더라고요.

편집자 스킨십 기술 부족한 남자들 많을 텐데. 혹시 남자 입장에서 스킨십 자연스럽게 할 수 있는 노하우 있어요?

정찬우 저는 턱턱 했어요. 만나면 자연스럽게 손잡고, 극장에라도 가면 자연스럽게 어깨에 손 얹고. 여자가 뿌리치면 왜 그래? 손도 잡을 수 있지. 너 나 싫어서 만나는 거 아니잖아. 그렇게 말하면서 놔주기도 하고, 다시 잡기도 하고. 사실 스킨십이 처음부터 편할 수 없죠. 몇 번 하다 보면 익숙해지니까 괜찮고 편하니까 하는 거지. 처음에 턱 했는데 안기고 그러면 그게 더 이상한 거지. 그러니까 남자들 여자가 한 번 거절했다고 겁 안 먹었으면 좋겠네.

Question 43

남자친구가
은근히
돈을
요구합니다

만난 지 2년 된 남자친구가 저에게 은근히 돈을 요구합니다. 처음에는 "어머니가 많이 아프셔" 하길래 입원비에 보태라고 기꺼운 마음으로 백만 원을 만들어 줬습니다. 그런데 처음이 어렵다고 그 다음부턴 거리낌 없이 맘에 드는 가방이 있는데 사달라고 하질 않나, 자기 집에 놀러오라고 하더니 에어콘을 달아달라고 하질 않나 농담 반 진담 반으로 선물을 요구 하네요. 치사하게 돈 몇 푼 때문에 헤어지기도 뭣하고 해서 생일 선물 해준다는 마음으로 가방도 사주고 에어콘도 달아줬습니다. 그랬더니 이제는 돈을 해달라고 부탁합니다. 급하게 필요한데 편하게 말할 수 있는 사람이 너뿐이다, 이러면서요. 사랑하는 사이였고 짧지 않은 시간을 함께 보냈기에 거절하기가 힘드네요. 나를 많이 아껴줬던 사람이라 돈 때문에 헤어지기는 싫은데 말이죠. 이런 경우에 저 어떻게 해야 하나요?

Chan woo' Answer

여자에게 돈 빌리는 놈만큼 찌질한 놈은 없다

헤어지는 게 좋겠다. 난 백 퍼센트 이해가 안 된다. 상상이 안 돼. 어떻게 자기 여자한테 돈을 빌리나? 빌려달라는 것도 아니고 요구한다고? 그 사람 면상을 한번 봤으면 좋겠다. 어떻게 생겼기에 여자한테 돈을 요구하는지.

아무리 급해도 여자한테 돈 빌리는 건 정말 아니다. 친구한테서 빌리면 빌렸지. 그 반대도 마찬가지다. 여자도 남자한테서 돈 빌리면 안 된다고. 연애할 때만큼은 그렇다. 사랑이 더럽혀지거든. 돈을 만들려다 보면 주변 사람들까지 얽힐 수도 있고. 정 어려우면 친구나 친척한테 부탁하는 게 맞다고 본다, 난.

당신이 그 남자를 마음으로 만난다면 돈이 상처가 될 거다. 돈 거래는 옳지 않다는 얘기지. 아무리 걱정되고 안 돼 보여도 그 문제만큼은 모른 척하는 게 좋겠다. 남자가 계속 돈을 요구한다면 헤어져라. 계속 그러면 분명히 찌질한 놈이다. 잘못했다가는 당신 인생이 고달파질지도 모른다고.

왜 제 남친은
결혼하자는
말을 안 하는
걸까요?

Question 44

남자친구가 결혼에 대해 확실한 답을 하지 않습니다. 사귄지 3년 정도 됐고 이제 나이도 차 결혼을 이야기할 때가 됐는데요. 제가 살짝 그런 얘길 꺼내려고만 해도 눈치를 보며 말하려 하질 않네요. 처음에는 '아직 결혼할 준비가 안 됐나 보다. 사랑하니까 기다려야지.' 여유 있는 마음으로 생각했는데요. 1년, 2년, 3년… 시간이 지나도 아무런 변화가 없으니 혹시 나를 사랑하지 않는 건 아닐까 의문이 들기 시작합니다. 연애 서적들을 뒤져 보니 남자가 결혼을 하지 않는 건 이미 마음속으로 헤어짐을 결심했기 때문이라고 하더라고요. 예민한 문제인 만큼 기다리며 참기를 수십 번. 이제는 정말 이야기를 꺼내야 할 때가 된 거 같은데, 이 남자 심리는 도대체 뭘까요? 어떻게 해야 하는 거죠?

Chan woo' Answer

사랑한다면 머리 쓰지 말고 그 남자를 믿어라

당신이 먼저 탁 까놓고 솔직하게 물어라. "나하고 결혼할 마음 있어, 없어?" 왜 안 물어보나. 말 돌리고 또 핑계 대려고 하면, 긴 설명은 일단 빼고 '있다' 혹은 '없다'로 대답하라고 해라.

아님 이렇게 물어볼 수도 있겠다. "넌 왜 나한테 결혼 얘기를 안 하니?" 그러면 남자가 뭐라고 대답을 할 거 아닌가. 이해가 되면 남자가 결혼 얘기 꺼낼 때까지 기다리는 거고, 이해가 안 되면 그만두든가 감수하고 가든가 알아서 결정하는 거다. 왜 혼자 그러고 있나. 당신이 여자이기 때문에? 자존심이 상해서?

사랑에 자존심이 어디 있나. 왜 자존심을 세우나. 머리 아프게. 내가 그 사람 사랑하는데 '그 사람보다 위에 있어야 한다', 이런 생각을 왜 하는지 모르겠다. 난 그런 거 웃긴 거 같다.

그리고 내가 남자라서 아는 건데, 그 남자 입장에선 결혼 얘기 못 꺼낼 다른 사정이 있을 거다. 결혼할 여건은 안 되고, 사랑하는 여자를 놓치고 싶지는 않고, 그런 경우다. 내가 아는 사람도 집안이 어려워. 근데 여자는 결혼을 원해. 남자는 알면서도 결혼 얘기를 안 해. 이런 경우가 있다. 남자가 왜 결혼 이야길 안 하냐면 남자 입장에선 어려운 집안을 복구해놓고 결혼하고 싶은 거다. 나는 이 사람 나쁘다고 생각 안 한다. 한 여자를 제대로 먹여 살릴 의지가 충만한 남자니까.

나도 그랬다. 그런 문제 때문에 두 번이나 결혼을 연기했다. 당시 여자친구였던 아내를 사랑하긴 해도 내가 제대로 벌어 먹여 살리질 못할 것 같더라. 그래서 상견례 하자고 양가 어른들 모신 자리에서 폭탄선언을 했다. "지금은 이 사람을 먹여 살리지 못할 것 같습니다." 순간 정적. 이놈이 대체 상견례 자리에서 무슨 개 풀 뜯어 먹는 소릴 하는 거야, 싶으셨을 거다. 나는 작은 폭탄 하나 더 터트렸다. "저희가 지금 결혼해서 어렵게 사는 게 좋겠습니까, 잘 살 수 있는 여건을 만들어놓고 결혼하는 게 좋겠습니까?"

양쪽 어른들 멘붕이셨다, 당연히. 결혼 전제로 양가 인사하는 자리에서 결혼을 못 하겠다니. 어르신들 전부 인상 굳어진 얼굴로 밥만 드시고 집에 갔다.

그날 집사람이랑 대판 싸웠다. 어떻게 어른들 앞에서 그럴 수 있냐고 막 따지더라. 집사람도 내가 그럴 줄 몰랐던 거다. 사전에 아무 얘기도 하지 않았으니까. 말 못 하겠더라. 그 얘기를 했으면 자리가 만들어졌겠나? 장인어른이 나오셨겠냐고. 하지만 나는 양쪽 어른들 다 있는 데서 얘기하는 게 맞다고 생각했다. 그래야 나도 거짓 없이 떳떳하지.

그러고 나서 1년 반인가 있다가 상견례 한 번 더 했는데, 또 한 번 폭탄선언을 했다. 똑같이. 그때까지도 벌어 먹일 여건이 안 됐으니까. 나 혼자도 아니고, 어떻게 굶어 죽어? 그리고 결혼할 돈도 없는데 엄마한테 달라고 그러나? 엄마, 나 결혼하게 돈 좀 줘. 그래? 엄마가 호군가? 지금 생각하면 나도 참 무례했다. 하지만 그땐 결국 해낼 자신이 있었고 확신이 있었으니까. 집사람한테는 천천히 가자고 했다. 천천히. 내가 떠날 놈이 아니니까.

당신의 남자친구, 결혼 얘기 피한다고 너무 속상해하지 마라. 말 없이 준비하고 있을지도 모른다. 당신과 결혼하기 위해. 그러니까 당신이 먼저 물어봐라. 그리고 기다려줘라.

Chapter 5

관심 있는 여잔
절 싫어하고,
관심 없는 여잔
절 좋아해요

Question 45

　입사 첫날 같은 부서에 근무하는 그녀를 보고 첫눈에 반해서 지금까지 쭉 좋아해왔습니다. 얼굴도 예쁜데다가 성격까지 좋아서 저뿐 아니라 다른 남직원들도 관심이 많더라고요. 결국 1년이 넘는 시간동안 대화할 기회조차 별로 가져보질 못했습니다. 그 사이 타부서 여직원이 저를 좋아해서 몇 번 만나자고 대시하긴 했는데, 좋아하는 사람이 있어서인지 곁눈질도 안가더라고요. 왜 머피의 법칙처럼 제가 좋아하는 여자는 저를 안 좋아하고, 별로 관심이 없는 여자는 저를 좋아하는 걸까요? 생각해보면 초등학교 때부터 지금까지 늘 이런 딜레마에 빠져 지내왔던 거 같습니다. 저는 왜 이렇게 늘 엇갈리기만 하는 거죠?

Chan woo' Answer

사랑도 스펙을 따라 흐른다

엇갈릴 수밖에 없네. 십중팔구, 당신은 자기보다 스펙이 더 좋은 여자한테 끌리는 거다. 스펙이 좀 낮은 여자들이 자기를 따라다니면 성에 안 차는 거고. 그게 문제다. 자기 스펙보다 나은 스펙에만 끌리는 거. 스펙이라는 게 외모든 경제력이든 성격이든 배경이든 생각이든 다 포함된다. 그러니까 당신은 여자를 사귀기 힘든 성향을 가지고 있는 거다.

당신보다 나은 스펙을 갖고 있는 여자가 당신을 마음에 들어 할 확률, 과연 얼마나 될까? 100분의 1? 200분의 1? 가능성이 별로 없다는 얘기다. 거꾸로 당신보다 스펙이 떨어지는 여자는 대부분 당신과 사귀고 싶어 할 것이다. 하지만 당신은 그런 여자가 다가오는 게 내키지 않는 거지. 그게 인지상정이다.

당신이 할 수 있는 일은 둘 중 하나다. 눈높이를 낮추거나 자신의 스펙을 키우거나. 자기보다 스펙 좋은 여자만 눈에 들어온다면 다른 수 없다. 당신이 좋아하는 사람이 당신을 좋아할 수 있도록 애정 스펙을 쌓는 것밖에. 외모는 어쩔 수 없으니 스타일이라도 바꿔보든가, 머리가 좀 안 되면 책을 많이 읽는다든가, 경제력이 약하면 더 열심히 일하고 재테크를 해본다든가, 성격이 예민하면 인간미나 매너라도 갖추려고 한다든가. 어느 면에서 사랑도 조건을 맞춰가야 한다는 거. 잊지 말고 기억하시라.

정찬우 이 남자 사연을 보니까. 나 예전에 방송할 때 봤던 중국의 모수오 족인가? 갑자기 그 종족이 생각나네.

편집자 그 종족이 왜요?

정찬우 못 봤어요? 아놔~ 나 그거 보다가 웃겨 죽는 줄 알았잖아. (크하 하하) 그 모수오족이 모계사회인가 그래요. 그래서 여자는 몇 번을 맘대로 결혼할 수가 있어. 예를 들어 여자랑 남자가 눈이 맞잖아 요. 그러면 같이 사는 거예요. 그러다 여자가 '당신 재수 없으니까 나가!' 하면 남자는 바로 나가야 해. 여자한테 모든 선택권이 있는 거지.

편집자 와아~ 그런 천국이 있어요? 나도 가고 싶다.

정찬우 그렇지. 여자들한테만 천국이지. 근데 압권은 바로 이거예요. 인터 뷰를 하는데 두 남자가 나와. 한 남자는 엄청 잘 생겼어. 방송에서 더빙을 하잖아요. "저는 결혼을 마흔두 번 했습니다. 어쩌고저쩌 고." 그리고 또 다른 남자는 정말 찌질하게 생긴 거야. "저는 결혼 을 한 번도 못했습니다. 어쩌고저쩌고." 한 번도 못했대! 아. 나 진 짜 웃기더라고. 자기 주제는 모르고 예쁜 여자만 찾는 한심한 인간 들. 결국 그 찌질한 모수오족 남자처럼 되는 거야. 무서운 얘기지.

20대 중반의 여성입니다. 지금 사귀고 있는 남자친구도 좋긴 한데, 다른 남자가 고백을 해오니 마음이 흔들리네요. 두 사람 다 자기만의 매력을 갖고 있어 끌리는 부분이 다른데 말이죠. 남자친구는 듬직한 체구에 성격도 온순하고 착해서 같이 있으면 심적으로 보호받는다는 느낌이 들고요. 고백해온 남자는 동갑이라 그런지 몰라도 호기심이 많은 것도 비슷해서 만나면 늘 재밌더라고요. 정말 연애하기 딱 좋은 스타일이라고나 할까요. 처음에는 당연히 지금 남자친구한테 정도 많이 들어서 잠깐 끌리다 말겠지 했는데, 시간이 갈수록 고백해온 남자에게 마음이 기우네요. 흔들리는 저, 이럴 땐 양다리를 걸치는 게 좋을까요, 한 사람을 선택하는 게 좋을까요?

Chan woo' Answer

완벽하게 하든가, 흔들리는 쪽으로 가든가

양다리? 이거 아무나 하는 거 아니다. 양다리도 꼭 걸치는 애들만 걸친다. 그게 성향이라고, 성향. 주위에서도 많이 봤다. 내 친구들 중에도 그런 놈이 있다. 양다리족. 난 물론 안 해봤다. 양다리 체질이 아니거든. 진짜 아니다.

내가 연애사는 제법 화려하지만 연애할 때 원칙 하나는 꼭 지켰다. 양다리 걸치지 말자. 왼쪽 오른쪽 둘 다 걸쳐놓고 선영이도 사랑해, 지영이도 사랑해, 이런 건 하지 않았다. 물론 여자친구 있을 때 미팅 나간 적은 있다. 재미로. 두세 번 만나서 논적도 있고. 재미로. 하지만 두 여자를 동시에 사귀거나, 그런 짓은 안 했다. 그건 잘못된 거다.

근데 어쩔 수 없이 양다리를 하게 된다? 그럼 절대 들키지나 마라. 왜냐, 들키면 상처를 주니까. 양쪽 남자한테, 양쪽 여자한테. 양다리족이 되려거든 용의주도하고 주도면밀해야 한다는 거다. 그게 안 되면 양다리 안 하는 게 맞고. 사랑하면서 왜 상처를 주나.

완벽하게 양다리를 걸치지 못 하겠거든 한쪽으로 가라. 어디로? 더 끌리는 쪽으로. 더 좋은 쪽으로. 당신이 지금 사귀고 있는 남자보다 새로 고백을 해온 남자가 더 마음에 든다, 그럼 그쪽으로 가라. 말은 갈아탈 수도 있지. 어떻게 하나. 능력도 좋고, 환경도 좋고, 외모도 좋고, 성격도 좋고, 더 세게 마음을 흔드는 사람이 나타났는데. 말을 갈아타면 미안할 뿐이지만, 갈아타지 않으면 후회를 한다고.

쌓인 정 때문에 저쪽으로 못 가겠다. 하지만 한 번 흔들리기 시작하면 결국 갈 수밖에 없는 거다. 정이고 신의고 간에 이미 새 사랑에 취하기 시작했으니깐. 내가 소보로 빵을 좋아해. 만날 소보로 빵을 사 먹어. 어느 날 단팥빵을 사 먹었는데 그게 너무 맛있는 거야. 그런데 먹던 빵에 대한 의리를 지키기 위해 단팥빵을 포기해야하나? 죽을 때까지 소보로 빵만 먹어야 하냐고. 그럴 순 없는 거다. 그렇잖나. 사랑은 그런 거다. 본능이라고.

물론 단팥빵보다 맛있는 빵이 또 나타날 수 있다. 그것보다 더 맛있는 빵이 또 나타날 수도 있고. 피자빵, 카스텔라, 곡물빵, 패스추리, 도넛……. 계속 맛있는 빵이 나타날 거다. 사람 입맛이 좀 간사해? 그래서 결혼이란 게 필요한 거다. 이 맛 저 맛 헤매지 말고 정말 좋아하는 맛에 길들여지는 거지. 정이나 신의는 결혼하고 나서, 그때부터 꼭 지켜라.

당신은 지금 결혼이 아니라 연애에 대해 고민하고 있다. 연애, 젊을 때 실컷 해보지 언제 해보나. 새로운 사람이 더 좋다면 그쪽으로 갈 자유 얼마든지 있다. 단, 사람에 대한 예의는 꼭 지켜야 한다. 나한테 새 남자가 나타났어, 이제 넌 안중에도 없어, 난 그쪽으로 갈 테니 알아서 정리해, 이런 식이면 당신 사랑은 막장 드라마 된다. 어쨌든 중요한 건 당신 마음이다. 이쪽이냐, 저쪽이냐.

유부남과
사랑에 빠졌는데
우리 이대로
결혼하면
안 되나요?

Question 47

지금 유부남과 만나고 있습니다. 사귄지는 2년이 조금 넘었고요. 저는 스물 세 살, 남자 친구는 서른다섯 살입니다. 처음부터 유부남인 걸 알았지만, 마음이 끌리는 건 이성으로도 막을 수가 없더라고요. 남자 친구는 제가 스물여섯 살이 되면 이혼하고 저에게 오겠다고 말합니다. 그때 결혼해서 같이 살자고요. 지금 부인과의 사이에 아이가 하나 있는데 너무 어려서 옆에 있어줘야 한다는 것이 그 이유죠. 물론 남자 친구가 진심으로 절 사랑하고 있다는 걸 알기에 기다리는 건 문제가 아닌데요. 다만 한 가정을 깨면서까지 저의 행복을 찾는 것이 맞을지 고민되네요. 그렇다고 이 사람을 포기하는 건 상상도 안 되고요. 결혼해서 함께 살고 싶은 저, 어떻게 해야 할까요?

결혼은 사랑할 때 하는 게 아니라
능력 있을 때 하는 거다

당신은 결혼을 언제 한다고 생각하나. 결혼하고 싶은 사람이 생겼을 때? 결혼 생각이 굴뚝같을 때? 천만에. 결혼할 상황이 갖춰졌을 때다. 나는 그랬다. 첫사랑하고도 결혼하고 싶었고, 두 번째 사랑하고도 결혼하고 싶었고, 세 번째, 네 번째, 사랑을 할 때마다 그 여자랑 결혼하고 싶었다. 사랑할 땐 다 결혼하고 싶은 거다. 나만 그런가?

그런데 결혼은 사랑한다고 할 수 있는 게 아니더라. 내가 결혼할 능력과 상황이 될 때 하게 되더라고. 경제력도 없는데 사랑한다고 결혼할 수 있나? 만날 보따리 강사 뛰고 논문 쓸 시간도 없는데 여자 있다고 결혼부터 하나? 집안에 우환이 계속돼 분위기 장난 아닌데 결혼한다고 그럴 수 있나? 결혼도 타이밍이고 운명이다.

당신은 결혼할 타이밍이 아닐 때 그 유부남을 사랑하고 있는 거다. 유부남을 사랑하는 지금은 결혼할 타이밍이 아니지. 엎어놓고 생각해도, 뒤집어놓고 생각해도 그렇잖아. 둘이 결혼할 수 없는데. 그 사람이 꼭 유부남이 아니라도 결혼할 타이밍이 아니면 헤어질 수밖에 없다. 어차피 안 되는 거 아무리 발버둥을 쳐봐야 어쩔 수 없다고.

인생에도 과정이 있다. 평생 한 번 하는 결혼인데(요즘은 두 번, 세 번도 흔하다지만) 그때까지 아무 일도 없는 게 이상하지. 그러니까 당신도 진짜 어른이 되기 위해 지금 어려운 과정을 겪고 있는 거다. 결국엔 지금 마음고생이 인생엔 득이 된다, 생각해라.

그래서 당신에게 결론적으로 하고 싶은 말은, 헤어져라! 만약 어찌어찌 남자가 이혼을 하고 당신과 결혼을 했다고 해도 그 결혼 행복하리란 보장 없다. 펼쳐질 그림이 뻔하다. 그런 경우 삶이 대부분 안 좋더라고. 이혼남 딱지, 아무것도 아닌 것 같아도 당신 결혼에 얼룩으로 따라다닌다. 그리고 지금은 사랑이 그렇게 애틋해도 결혼해서 살다 보면 그런 사랑 못 한다. 사랑보다는 생활을 하게 되는 거지. 그러니 그 남자 이제 그만 사랑해라.

마지막으로 당신이 사랑하는 그 유부남에게 한마디 해주고 싶다.

"어른인 당신이 사랑하는 이 여자 예쁘게 놓아주시죠. 좋은 사람 만날 수 있게. 그게 윗사람 몫이지."

Chapter 6

패밀리를 위한 응원가

【 가족 문제 풀어내기 】

나는 지금도 아들놈에게 말한다. 공부하기 싫으면 하지 마라. 대신 공부 잘하는 애들 기분 좋게 잘 부릴 줄 아는 리더십을 가져라. 어디에서 무슨 일을 해도 그 그룹에서 뒤처지는 사람은 되지 마라. 마인드로, 마음으로, 인간적으로, 그리고 웬만하면 얻어먹지 말고 네가 사라.

"마인드로
뒤쳐지는
사람은
되지마라,
아들!"

함께 살고
싶어 하는 어머니와
분가 하자는
여친 사이에
끼어 있습니다

Question 48

3개월 후면 여자친구와 결혼할 예정입니다. 근데 어머니는 분명히 말씀은 안 하시지만 저희와 같이 살고 싶어 하시는 눈치고, 여자친구는 분가해서 따로 살고 싶어 하네요. 여자친구 말은 신혼 기간인데, 우리끼리 알콩달콩 살아보는 기간도 필요하지 않냐며 딱 2년만 따로 살다가 합가하자는 거죠. 물론 그 말도 틀린 건 아니지만 아버지가 일찍 돌아가시는 바람에 저와 이미 결혼한 여동생 키우느냐 고생하신 어머니이신데, 서운한 말씀 드리기가 난감합니다. 또 요즘 같이 어려운 경기에 경제적으로도 같이 사는 게 더 합리적이지 않을까 하는 생각도 들고요. 하지만 여자친구를 설득하는 일이 만만치 않을 거 같네요. 제가 봐도 어머니와 여자친구가 잘 맞는 스타일이 아니고요. 이런 상황에서 저 어떻게 하면 좋을까요?

Chan woo' Answer

해피 패밀리는 공간의 문제가 아니라 마음의 문제다

당신의 질문, 정리하면 이렇다. 어머니냐, 여친이냐. 그것이 문제로다. 나라면 여친 쪽을 택하겠다. 평생을 같이 할 사람이니까. 내가 결혼해서 살아 보고, 남들 사는 것도 들어보니 알겠더라. 어머니와는 떨어져 있어도 효도를 할 수 있지만, 서로 안 맞는데 같이 살다간 사흘에 한 번씩 고부간의 전쟁 일어날지도 모른다는 거. '사랑과 전쟁'은 분명 현실이다.

사실 내 결혼 조건은 '어머니 모시기'였다. 뭐 결과적으로는 결혼 무렵 여동생이 집에 들어와 사는 바람에 분가해서 살았다만. 그러고 나서 여동생이 다시 나가 어머니 혼자 사시게 되었을 땐 다시 모여 함께 산다는 게 생각만큼 쉽지 않더라. 이미 각자의 생활에 맞게 환경이 꾸려져 있기도 했고 어머니도 역시 혼자 사는 게 편하다며 들어오지 말라고 하셨으니까. 근데 그땐 그렇게 혼자 계시는 게 괜찮을지 심히 걸렸다만 지금에 와서 생각해보면 오히려 안 들어가길 잘한 것 같다. 물론 같이 살면서 화목하고 행복할 수도 있었겠지만 서로가 마음에 들지 않는 부분을 참고 사느라 삐걱거렸을 수도 있었을 테니까.

남자들 결혼 전에는 막연히 '부모님을 모셔야겠다', 생각할 수도 있다. 그런데 현실이 그렇게 만만치는 않다. 생판 다른 환경에서 살아온 사람들이 한 집에서 사는 거? 쉬운 일 아니다. 지금 양쪽 마음이 다른데, 같이 살게 되면 당신 와이프뿐만 아니라 어머니도 고달파질 수 있다. 모르는 게 약이라고, 똑같은 문제라도 따로 살면서 안 보이면 문제가 안 되는 일도, 같이 살면서 보이면 참거나 싸워야 하니까.

그렇다고 어머니를 모른 척하면서 살라는 건 아니다. 차라리 떨어져서 좋은 모습만 보여주는 게 낫다는 거다. 그게 가족의 화목을 지키는 길이다. 물론 어머니께서 거동하기 힘드실 때 모셔야 하는 건 자식의 당연한 도리고.

지금 당신 어머니는 아들과 같이 살고 싶으신 거다. 며느리와 같이 살고 싶은 게 아니라. 그러니 아들인 당신이 어머니를 설득해라. 안 되는 도리 억지로 지키려다 부작용만 생긴다. 해피 패밀리는 공간의 문제가 아니라 마음의 문제다.

그리고 당신, 이런 말 여러 사람들이 해줬겠다만, 고부 갈등에 제일 잘해야 하는 건 당신이다. 어머니 앞에서는 어머니 편, 아내 앞에서는 아내 편. 이거 잊지 마시라.

김작가 만약에 말이야, 처가 쪽 어르신들이 아플 때는 어떻게 해야 할까?

정찬우 난 그것도 모셔야 한다고 생각해요. 전 만약에 처가댁 어르신들이 아프신데 처가식구 중에 모실만한 분이 없으면 제가 모셔요. 저희 아버님도 외할머니 모시고 살았어요. 몇십 년을.

편집자 혹시, 어머니와 따로 사시면서 특별히 신경 쓰시는 부분 있으세요?

정찬우 뭐. 일단 생활비 드리고, 그리고… 하루에 한 통씩 전화를 해요. 언제 하냐면 라디오 하러 이동할 때. 생각을 아예 박아 놨어요. 이제 습관이 든 거죠. 엄마 식사하셨어요? 별일 없으시죠? 이렇게 매일. 그게 나는 크게 잘하는 거라고 생각을 해요. 금전적인 거야 뭐 혼자 계신데 얼마나 필요하겠어요.

편집자 매일 무슨 얘기를 나누세요?

정찬우 뭐 얘기를 꺼내요. 뭐해요? 너 라디오 기다리고 있다. 별일 없어요? 내가 무슨 별일이 있겠니. 약 드셨어요? 제가 준 거? 먹고 있다. 이런 얘기죠. 그게 다예요. 형 전화 왔어요? 지훈이는요? 그정도 물어보고. 뭐, 고민하는 일 말씀해주시면 해결해드리고.

편집자 사람들한테 살갑게 전화해서 챙기고 이런 스타일은 아니신 것 같은데…

정찬우 어머니한테 특별한 거죠. 평소에는 챙기고 그런 스타일 아니에요. 다른 사람한테 술 취해서 전화하는 스타일? 야! 보고 싶어! 이런 스타일이지. 다른 사람들한테는 어머니한테 하는 것처럼 그렇게 못해요.

자식 입장에서
부모님께
이혼을 권하는 게
맞는 �까요?

저희 남매는 어렸을 때부터 부모님이 자주 다투시는 걸 보며 살았습니다. 아버지는 화물차를 운전하시는데 한 번 일을 나가면 며칠씩 밖에 계시다가 집에 오십니다. 근데 돌아와서는 매번 술을 드시고 나서 꼭 어머니와의 싸움을 합니다. 싸움도 그냥 말다툼이 아니라 가전제품을 때려 부수거나 심지어 어머니를 때리기도 합니다. 최근에는 아버지가 어머니한테 너무 심하게 폭력 행사를 하셔서서 제가 경찰까지 불러 말리기도 했습니다. 시간이 지날수록 문제가 해결되기는커녕 점점 갈등의 골이 깊어지기만 하네요. 이 상황을 어떻게 해결해야 할까 고민하다가 한번은 제가 어머니에게 저희 남매 이제 20대 중반, 제 앞가림할 나이 됐으니 아버지랑 이혼하시고 각자 사시는 건 어떻겠냐고 말씀을 드렸는데 그건 자기 인생이 실패로 끝나는 거 같아 싫다고 하시네요. 아버지와 매번 크게 싸우고 맞으면서도 이혼 안 하시겠다는 어머니가 도

대체 이해가 안 되지만 자식 입장에서 적극적으로 이혼을 권하는 게 과연 맞는 걸까 고민 되네요. 계속 싸우는 부모님을 지켜봐야 하는 걸까요, 아니면 제가 이혼을 적극 권해야 하는 걸까요?

Chan woo' Answer

이혼 시켜드리는 게 효도일 수 있는 거다

곪을 대로 곪은 관계는 터뜨리는 게 제일이다. 그렇게 오래 사시고도 그렇게 매일 싸워야 한다면, 게다가 폭력까지 행사할 정도면 두 분, 이혼하시는 게 맞다. 각자의 삶을 위해서. 서로 토닥거리며 살아도 시간이 모자란데 만날 싸우고 부수면서 살아갈 시간이 어딨나.

내가 예언 하나 할까. 당신 어머니 그렇게 참고 맞고 사시다가 나중에 나이 더 드셔서 이러실 거다. "내가 평생을 참고 살았어. 왜 참고 살았냐고. 왜! 왜! 왜!" 내 말이. 왜 참고 사냐고. 살면서 어쩌다 싸울 수는 있지만, 눈만 뜨면 싸워야 하는 전쟁 같은 결혼생활이라면, 거기다 어머니 입장에선 일방적으로 맞고 살아야 한다면, 하루빨리 이혼해야 한다. 만약에 아직 자식들이 어리다면, 이건 뭐 내가 드릴 답이 없는 문제이겠다만, 자식들 이미 제 앞가림 할 수 있는 나이겠다, 내 대답은 망설임 없이 이혼이다.

그리고 말이다. '매정'이란 말 들어봤나? 그게 뭐냐면, 매를 때리고 맞으면서 드는 정이다. 매질을 하는 사람들 공통점이 있는데,

Chapter 6

그게 뭐냐면 때리고 난 후에는 잘해준다는 거다. 이를테면 이런 거. 엄마가 애를 호되게 야단치고 나서 안아줘. 그러면 엄마나 애나 벅차고 감동적이고 그런 거 있지 않은가. 둘이 꼭 껴안고 눈물 주룩주룩 흘리고. 그런 거다. 군대에서도 고참이 졸라 때려놓고 담배를 하나 줘. 그러면 쫄병은 박 터지게 맞고도 그게 무지 고마운 거다. 사람이 참 희한한 존재라고.

부부끼리도 매정이 드는 경우가 있다. 술 마시고 늘씬하게 두들겨 패고 나서는 술 깨자마자 "미안해, 여보. 내가 잘못했어." 싹싹 빈다. 보따리 싸들고 나간다면 치맛자락 붙잡고 무릎 꿇고 빌어. 그래놓고 나중에 술 먹고 또 때리는 거다. 술 깨면 또 치맛자락 붙잡고 싹싹 빌고. 웃기는 거지. 제발 이런 매정을 정이라 착각하지 마시라. 특히 아내 때리는 남편들 그거 정말 모자라도 한참 모자라는 인간들인 거다. 이럴 땐 거지같은 정 딱 끊어버리고 이혼해야 한다. 애들이 뭘 보고 자라겠나. 남편이 매질하면 나중에 아들도 매질한다.

당신 엄마, 삶이 실패로 끝나는 것 같아 이혼 못 하시겠다고? 맞고 사는 삶이 실패한 삶이다. 당신, 부모님 이혼시켜 드리는 게 효도일 수도 있는 거다. 그리고 또 모를 일이다. 어쩌면 두 분 떨어져 살면서 더 가까워질 수도 있다. 혼자 있으면서 불편한 것도 느끼고, 미운 정이든 고운 정이든 쌓인 정도 생각나고 하다 보면 말이다. 어쨌든 자식이라는 매개체가 있으니까.

김작가 어머님 아버님은 안 싸우셨어?

정찬우 서로 싸우신 게 아니라 아버지가 압도했지. 아버지 카리스마에 어머니가 꼼짝 할 수가 없었어요. 나이 차이도 많이 나셨고. 어머니는 항상 거의 복종이었어요. 아버지께서도 어머니께 잘하셨고. 나는 어렸을 때 생각하면 제일 많이 기억이 나는 게 우리 집에 항상 아버지 손님이 많았던 거. 우리 아버지가 얼마나 순수했냐면 치질 걸렸는데 손님 왔다고 무릎 꿇고 술 마셨어. 무릎 꿇고 술을 먹더라니까. 그리고 다음 날 재수술 했어요.

(크하하하)

정찬우 그런 사람이에요. 우리 아버지. 완전 재밌는 분이시지. 근데 그게, 나도 핏줄이 맞나봐. 결혼 초반에는 우리 집 칫솔 통에 손님 칫솔이 한 3, 40개가 있었어요.

편집자 헉! 힘드셨겠다. 사모님.

정찬우 거기에 또 우리 와이프는 견출지로 이름을 다 붙여놔. 견출지에다가 김태균 씨, 김대희 씨, 김준호 씨, 다 붙여놨어요.

(크하하하)

정찬우 우리 와이프 좋은 여자예요. 말 안 해도 집안 생일 다 챙기고 정말 좋은 여자예요.

정|찬|우|의|혼|잣|말

멋을 알았던 그 사람,
아버지

　나는 아버지를 닮았다는 말을 참 많이 듣는다. 내가 보기에도 그렇다. 유전자를 물려받은 것도 있고, 아버지를 보고 배운 것도 있고. 정찬우의 8할은 아버지가 만들어주신 거다. 우리 또래는 보통 아버지랑 사이가 그냥 그런데, 난 우리 아버지랑 성격도 맞고 코드도 맞고 잘 맞았다. 아버지를 닮았다 그러면 난 그게 칭찬처럼 들리더라. 우리 아버지가 사는 멋을 아는 분이셨으니까.

　아버지는 옛날에 전주 삼례의 지주 집 아들이었다. 다른 집 애들 다 맨발로 다니고 짚신 신고 다닐 때 우리 아버진 고무신 신고 다니고 세발자전거까지 몰고 다녔다고 한다. 입에 풀칠하기도 어려웠던 그 시절에 부족할 거 하나 없이 유복하게 자란 거다. 하인들까지 두고 사셨다니까 진짜 부자긴 부자였던 모양이다. 삼례에 처음 교회를 세우신 분도 우리 할머니였다고 한다.

　아버지가 대학교 다닐 때 할머니가 돌아가셨는데(할아버지는 아버지가 어린 나이에 돌아가셨다) 그때 물려받은 재산이 꽤 됐다고 한다. 우리 아버지가 놀아도 크게 노는 사람인 게, 유산을 물려 받자건대 정치외교학과에 다니다가 바로 학교를 그만두고 광산업을 시작한 거다. 우리 어렸을 땐 광산업이 굉장히 붐이었다. 강원도 삼척 그런 데 탄광들 엄청 많았다. 도시에서 전부 연탄 때고 그랬을 때니까.

우리 집에 금괴가 있었다면 믿으려나? 진짜 있었다. 아버지가 술에 취하면 항상 우릴 앉혀놓고 금괴를 열었다. 캐비닛으로 된 금괴인데, 그거 딱 열고 금 덩어리, 은 덩어리를 꺼내시는 거다. 우리한테 그걸 다 보여주면서 "아버지는 말이야~" 하고 일장 연설을 시작하면 우린 완전 넋 나갔다. 당신 얘기를 하시는데, 그게 훌륭한 사람들 자서전보다 더 아름다운 거다. 인생에 대한 자신감과 호기가 넘치는 얘기들이었다. 그러다 쫄딱 망했는데 아버지는 망한 얘기까지 멋지게 승화시켜서 풀어놓더라. 인생이 한 방으로 끝나는 게 아니다, 뭐 그런 얘기였을 거다. 아무튼 망한 사람이 그렇게 멋있기도 힘들걸.

그러고 나서 아버지는 택시 드라이버로 변신, 스카프 딱 매고 나일론 장갑 딱 끼고 노란 택시를 몰고 다니셨다. 스타일 정말 끝내줬다. 택시기사가 당시엔 지금의 모델처럼 남자들이 선망하는 최고의 직업이었는데, 아버진 제복 쫙 빼입은 파일럿 저리 가라 뽀대가 났다. 아마 그 멋에 택시기사를 하셨을 거다.

우리 엄마를 만난 것도 재밌다. 군대 안 가려고 뺄 때까지 빼다가 카투사를 가셨는데, 서른 살 먹은 카투사가 여고 3학년이랑 펜팔하다 결혼을 했다. 아버지가 그 정도로 사람 마음을 확 휘어잡는 능력이 있었다는 얘기다. 두 사람 나이가 호적으로는 열한 살, 실제로는 열세 살 차이다. 엄마가 형을 스무 살에 나셨고, 나를 스물두 살에 나셨다. 지금 스무 살, 스물두 살이면 완전히 애잖아. 애가 애를 낳아 키우느라 엄마도 꽤나 힘드셨을 거다.

　　우리 아버지 얘기는 한 번 시작하면 끝도 없이 나온다. 기억나는
게 다 시트콤이다. 한때 집에서 개를 열두 마리나 길렀던 적이 있
다. 원래 정 많은 사람이 동물을 좋아하는데 아버지도 개를 좋아하
셨다. 덕분에 나는 매일 양손에 페인트 통 들고 닭집에 심부름 다
니느라 죽을 맛이었지만. 닭 내장을 얻어다 폭폭 삶아서 개밥으로
줬는데, 아버지가 만날 나만 심부름을 시키는 거다. 어린 손으로
더러운 닭 내장 들고 다니는 게 진짜 창피하고 싫었다. 사람들이
막 쳐다보니까. 저 새끼는 뭐하는데 만날 닭 내장을 들고 다니나,
그랬을 거다.

　　그러다 개 도둑이 들어 싹 도둑을 맞은 적이 있다. 집 뒤쪽이 난
곡인데 개장수들이 그렇게 많았다. 이놈들이 약을 뿌려놓고 개들
이 그거 먹고 잠들면 바로 실어가는 거다. 우리 집 개들 중 진돗개
만 빼고 다 도둑을 맞았다. 확실히 개들도 뼈대 있는 개가 다르더
라고. 진돗개만 그 약을 안 먹었다. 주인이 준 게 아니니까. 그 다음
부터 아버지가 진돗개만 기르셨다. 근데 더 웃긴 건, 아버지가 개
도둑맞고 회사에서 잘렸다는 거다. 개 찾는다고 돌아다니느라 사
흘 동안 무단결근하고 잘렸다고. 16년 넘게 성실하게 다니던 회사
였는데 개 때문에 못 다니게 된 거다. 보통사람들이 볼 땐 희한한
사람이었을 거다.

　　그러고 나서 시작한 사업이 사우나. 참 느닷없기도 하지. 그것도

혼한 쑥탕 같은 게 아니라 핀란드식 사우나였다. 아버지가 다방면
으로 박식한 사람이었는데, 핀란드식 사우나는 또 어떻게 알았는
지 우리나라에 처음 들여와서 했다. 내가 중학생 때였나 고등학생
때였나, 사우나 사업 시작하자마자 대박을 쳤다. 돈이 막 들어오더
라고. 그런데 아버지가 돈 벌 팔자가 아니었는지, 이제 좀 되나 싶
을 때 사고를 당하신 거다. 교통사고 당하고 여섯 살 애가 되었다.

 아무리 생각해도 우리 아버진 그렇게 되기엔 참 아까운 사람이
었다. 많이 배우지도 않았는데 모르는 게 없고 만물박사였으니까.
말을 해도 사람들 마음을 확 움직이게 만들었다. 주변 사람들이 무
슨 일 있으면 전부 아버지한테 상담하러 왔다. 듣다 보면 답이 나
오거든. 내가 이렇게 말로 먹고사는 것도 다 우리 아버지 피를 그
대로 물려받은 거다. 아버지 돌아가신 다음에 우리 고모가 날 보면
만날 울었다. 어쩜 그렇게 똑같으냐고. 어쩜 그렇게 말하는 것까지
빼다 박았냐고.

 중학교 1학년 때 영어 교재 외판원이 우리 집엘 온 적이 있다. 옛
날엔 영업사원이 집집이 방문해서 책도 팔고 카세트테이프도 팔
고 그랬거든. 이 사람이 영어 카세트 틀어놓고 아버지한테 설명하
고 그러는 거 같았는데, 나중에 보니까 둘이 딴 얘기를 하고 있더
라고. 나는 그런가 보다 신경 안 쓰고 놀았다. 좀 있다 보니까 아버
지만 얘기하고 이 사람은 듣기만 하면서 "예, 예, 알겠습니다" 이러
고 있는 거다. 그러더니 "예, 열심히 살겠습니다" 인사하고 가더라
고. 말이 무기인 영업사원한테 그새 인생에 대해 한수 가르쳐주신

거다. 우리 아버지 정말 대단한 양반이었다니까.

근데 다른 것보다 우리 아버진 멋을 아는 분이었다. 우리 집에 인켈 오디오가 있었는데, 아침에 일어나서 아버지가 올드 팝을 탁 트는 거다. 비몽사몽 중에 비틀즈, 아바, 퀸, 이런 거 들으면 얼마나 기분이 삼삼한데. 성악을 하셔서 노래도 진짜 잘 부르셨다. 술 마시면 노래하면서 집에 들어왔다. 케벨라 코사~, 디스파냐 소노라 벨라~, 라쿠카라차~, 전방 300미터부터 노랫소리가 들리는 거다. 아, 아버지 오시는구나, 알았다.

나는 제일 아쉬운 게 하나 있다. 아버지한테 술 한잔 사드리고 싶은데 그걸 못 하게 됐다는 거. 지금 살아 계시다면 완전히 근사한 데 모시고 가서 최고로 멋지게 한 번 사드리고 싶다. 정말 자랑스러워하시고 좋아하셨을 거다. 아들이 잘 돼서 술 사주고 대접하고 그러니까. 근데 너무 일찍 가셨다. 1990년 내가 스물세 살에 돌아가셨으니까. 조금만 더 살아 계셨어도 난 굉장히 힘이 됐을 거 같은데, 인생이 다 그렇다. 타이밍이 맞아야 사랑도 되고 효도도 할 수 있다. 그런 의미에서 부모에게 효도할 가장 좋은 타이밍은 바로 지금이다.

Question 50

애정 표현을 잘 안 해주는 남편에게 서운합니다

결혼한 지 10년 차 된 마흔두 살 동갑내기 부부입니다. 연애까지 합치면 남편과 16년의 시간이 지난 건데요, 그때나 지금이나 남편은 사랑한다는 말에 인색합니다. 저는 지금도 여전히 남편이 출근할 때마다 아침 뽀뽀와 사랑한다는 말을 전하는데, 남편은 고개만 끄덕끄덕 거리고 늦었다며 급히 나가기 바쁩니다. 제가 부러 당신도 말해달라면 "나도"라는 답변이 전부고요. 친구들끼리 만나서 남편들 얘기하다 보면 우리 남편은 맞벌이 부부가 아닌데도 요리도 자주 해주고, 청소도 자주 해주고, 아이와 잘 놀아주고 가정적인 편이다라는 생각은 들어 고맙긴 한데요. 애정 표현을 너무 안 해주다보니까 나에 대한 애정이 식었나 싶네요. 내가 이런 고민을 친구들한테 말하면 친구들은 결혼 10년차인데, 아직도 그런 걸 바라냐며 핀잔을 줍니다. 누구는 남편이 그렇게 집안일을 잘 도와주는 것도 사랑의 표현이라고, 사랑은 말로만 표현하는 게

Chapter 6

아니라는데, 저는 여전히 애정 표현 안 하는 남편에게 서운하네요. 제 생각이
잘못된 걸까요?

Chan woo' Answer
그건 당신과 남편의 표현 차이일 뿐이다

남편이 애정 표현에 인색한 게 사랑하는 마음이 없어서일까? 내
가 볼 땐 그건 표현의 차이일 뿐인 거다. 결혼한 지 얼마 안 되어서
크게 부부싸움을 한 적이 있었다. 이유가 뭐였냐면 모 토크쇼에서
아내를 몇 점이라고 생각하냐는 질문이 나왔는데 그때 내가 70점
이라고 한 거다. 100점 만점에 70점. 나중에 알고 보니 집사람이 그
말에 완전 상처받았더라. 지금 같으면 내가 어떤 사람인지 아니까
대충 넘어갔을지도 모르는데, 그땐 결혼하고 얼마 안 됐을 때라 충
격이 컸던 거다.

내가 그랬다. 세상에 100점짜리가 어딨냐. 새빨간 거짓말이고 듣
기만 좋은 소리일 뿐이지. 그리고 100점이라고 해서 기분 좋으면
그 사람이 온전한 사람인가? 난 70점을 100점이라고 생각해서 70
점이라고 한 거다. 방송용 멘트, 나 그런 거 진짜 싫다. 이렇게 말해
도 집사람이 화가 안 풀려 계속 싸웠었다. 나도 여자 마음을 몰라
도 한참 몰랐지. 여자들끼리는 그게 자존심 문젠데. 내 말투가 또
자상하고는 거리가 멀어도 한참 멀어서 더 상처가 됐나 보더라.

나는 어떤 경우에든 솔직한 편이다. 솔직해도 너~무 너무 솔직

하다. 그래서 상대가 상처를 받는 경우가 많은 것 같다. 근데 이게 타고난 성격이라 안 고쳐진다. 얘기를 하다 보면 상황 판단이고 뭐고 마음에 없는 거짓말은 못 하겠는 거다. 100점? 이거 완전히 거짓말 같은데 어떻게 100점이라고 하나. 나는 그렇게 못 하겠더라. 설사 100점이라고 했다 치자. 그럼 상대방이 오올~ 나 100점이야? 오케이, 땡큐, 이래야 해피한 건가? 난 아니다. 닭살보다는 솔직함이 좋다. 그게 내 체질이다.

물론 살다 보니까 좀 마음에 없어도 그렇게 하는 게 너도 좋고 나도 좋고 그렇긴 하더라. 그래서 노력을 해보기도 하는데 역시 잘 안 된다. 얘기가 짧으면 신경 써서 좀 해보는데, 길어지면 또 생겨 먹은 대로 솔직 모드가 되는 거다. 그래서 손해 볼 때도 많다.

나는 누가 나를 70점이라고 해주면 행복할 것 같다. 좋은 게 더 많은 사람이잖아. 열 가지 중에 세 가지 안 좋은 사람? 이런 사람도 얼마 없다. 겉으론 다 좋아 보여도 속으론 단점도 많고 이상한 생각도 하고 다 그러잖아. 난 속이 텅 빈 공갈빵보다 납작해도 속이 꽉 찬 단팥빵이 더 좋다. 기분만 잠깐 나고 빠삭 깨지면 껍데기뿐인 100점보다 하나 딱 먹으면 속이 든든해지는 70점이 낫다는 말이다.

이런, 잠시 이야기가 샛길로 샜다만 아무튼 나처럼 표현이 너무 솔직하거나 서툰 사람도 있는 거고, 당신처럼 표현을 잘하는 사람도 있는 거다. 사람마다 똑같은 마음의 무게를 표현해도 표현의 차이가 있는 거라고.

내가 딴 사람이 말하는 100점을 70점이라고 표현하는 것처럼, 당신 남편도 남편의 표현 방식대로 얘기했을 거다. 그러니까 당신, 너무 서운해마시라.

정찬우 전에 〈무릎팍 도사〉에서 '김태균이란 존재가 뭐냐?' 물어봤을 때. 혹시 보셨어요? 태균이가 나를 가족 같은 사람이라고 말했잖아. 근데 내가 뭐라고 했냐면 먼저 말할 걸 그랬다고 얘기 했어요. 그 질문을 들었을 때 나는 태균이가 내 가족 바로 밑에 있는 사람이라고 얘기하려고 했다고 하면서. 근데 솔직히 나는 그렇게 생각하거든요. 물론 가족 챙기듯이 태균이 챙길 수도 있겠지만 그건 가족 다음이지 절대 가족하고 동등하지 않아요.

편집자 근데 저는 방송 보면서 두 분이 같은 걸 표현했다고 생각했어요.

정찬우 그게 이런 거지. 태균이도 당연히 내가 자기 가족 밑이지. 가족 밑인데 가족만큼 좋은 사람이라고 표현한 거고 나는 가족 밑에 있는 사람이라고 표현한 거고. 근데 그렇게 순간적으로 탁 튀어나오는 말에 사람의 삶이 튀어나오는 거예요. 태균이는 모태 신앙이거든. 교회 안에서 얼마나 서로 사랑하며 지냈겠어. (그러니까 그런 표현이 나오는 거라고.)

첫사랑에게
사랑했었다는
문자를 보낸
남편 심리는
뭘까요?

Question 51

결혼한 지 1년 된 부부입니다. 지금까지 남편과 살면서 큰 언성 한 번 높여
본 적이 없고요. 시댁 어른들도 모두 좋으셔서 고부 갈등 없이 잘 지내왔습니
다. 시간이 지날수록 이 남자와 결혼하길 잘했다는 생각을 하며 살았는데요.
우연히 며칠 전 남편 문자를 보게 되면서 갈등을 겪게 됐네요. 옛날 여자친구
한테 사랑했었다느니, 한 번은 보고 싶었다느니 하는 문자를 보냈더라고요.
순간 망치에 맞은 것처럼 멍한 느낌이 들고 얼마나 배신감에 치가 떨리던지.
그걸 떠나서 이미 끝난 첫사랑한테 이런 문자를 보내는 남편의 못된 심리는
무엇일까요? 저 어떻게 대처해야 하죠?

Chan woo' Answer

문자한번정도의딴짓은 모르는척해주는게어떨까

내가 보기에 당신 남편의 실수는 문자를 보냈다는 게 아니라 당신한테 들켰다는 거다. 물론 당신은 문자를 보낸 것 자체가 기분 나쁘겠다만. 근데 내 생각은 이렇다. 그런 문자 한 번쯤은 보낼 수도 있을 것 같다는 거지. 당신 남편도, 당신도, 나도. 살다 보면 어느 날 문득 첫사랑이 생각날 수도 있지 않을까? 한 번쯤은 보고 싶을 때도 있고. 나도 그럴 때 있거든. 사람이니까. 솔직히 당신도 그럴 거다.

문제는 생각하는 데서 그치지 않고 문자를 보냈다는 거고, 당신에게 들켰다는 거다. 그런 문자를 보고 "잘했어, 여보야" 할 아내가 어디 있겠나. 한 발 양보해서 잠깐 생각나서 문자를 보냈으면 지워야지. 생각도 지우고 당신을 불쾌하게 할 잔여물도 지우고. 그게 서로에 대한 예의일 텐데 말이다.

근데 나는 당신이 남편에게 너무 큰 벌을 주지 않았으면 좋겠다. 누구나 한 번쯤은 실수할 수 있는 일이니까. 당신이 사랑하는 사람이니 한 번쯤은 너그러이 봐주라고. 그 남자는 당신 남자이기도 하지만 당신 가족이기도 하니까. 여기까지는 당신의 질문에 대한 대답이다.

근데 말이다. 나는 오히려 당신한테 묻고 싶은 게 있다. 첫사랑한테 문자 보내는 거, 남자들만의 심리일까? 남자만 딴 짓을 하고 외도를 하나? 남자는 불륜 저지르기 쉬운 종족이고, 여자는 안 그런가? 그럼 남자끼리 바람을 피우는 거네. 가을은 남자의 계절이고 봄은 여자의 계절이다, 그래서 남자는 가을에 결혼을 많이 하고 여자는 봄에 결혼을 많이 한다, 이런 거랑 비슷하지 않은가.

내 말은, 불륜도 문자질도 상대가 있어야 한다는 거다. 그건 남자의 심리, 여자의 심리, 이런 거로 일반화시킬 수 없다는 얘기라는 거다.

아무튼 당신 부부, 결혼해서 이제 막 출발했다. 함께 갈 길이 아직 많이 남았다고. 남편은 앞으로도 딴 짓을 할 때가 있을 거다. 당신도 그럴지 모르고. 길게 보고, 각자 들키지 않고 문자 한 번 하는 정도의 딴 짓은 모른 척 해주는 게 어떨까.

아픈 아내에게
마음 써주는 게
어려운
일일까요?

Question 52

40대 주부입니다. 처녀 때부터 몸이 약해서 자주 아픈 편이었는데요. 애를 낳고 나서 더 골골해졌네요. 특별히 큰 병이 있는 건 아니지만 조금만 무리해도 반나절은 누워서 쉬어야 합니다. 그런데 아픈 것보다 더 속상한 건 남편의 무관심입니다. 제가 몸이 안 좋다고 하면 남편은 '또?' 이런 식이에요. 물론 자주 아프다 보니 남편도 이런 상황에 질려서 그런 건 이해하는데요. 그래도 사람이 아프다고 하는데 어쩜 이렇게 매정할 수가 있나요. 더군다나 산후 조리도 제대로 못해서 더 골골해진 건데 그러면 저한테 더 잘해줘야 하는 거 아닌가요? 가끔 이런 일로 다툴 때면 정나미가 뚝 떨어지곤 합니다. 아픈 아내에게 마음 써주는 게 그렇게 어려운 일일까요?

Chan woo' Answer

남편이 왜 무심할까, 라는 생각 때문에 더 안낫는 거다

당신에겐 미안한 말이다만 내가 볼 땐 아프다고 하는 거 습관이다. 머리 좀 아프고 허리 좀 아프고, 다들 그러고 사는데 너무 티를 내는 거지. 혼자만 아픈가? 그 정도 아픈 사람 세상에 얼마나 많은데. 나이 들고 그러면 당연히 아픈 데가 많아진다. 특별히 혼자만 그런 게 아니라고.

우리 와이프가 요즘 허리가 아프다고 만날 울상이다. 꾀병은 아니겠지. 아프긴 정말 아픈가봐. 근데 그것 때문에 스트레스를 너무 많이 받고 살더라고. 내가 간단히 힐링을 해줬다. 출근할 때 현관에서 그랬다. "여기서 저기까지만 뛰어봐. 뛸 수 있어? 뛸 수 있으면 허리 아픈 게 아니야. 잠깐 통증이 생긴 거지. 병이 아니라고."

뛰랬더니 집사람이 또 뛰더라. "뛰어지지? 그건 아픈 게 아니야. 좀 불편한 거지." 그렇지 않나? 수술하고, 몸에다 호스 끼고, 깁스하고, 그 정도 돼야 진짜 아픈 거지. 남들 아픈 만큼 아픈 건데 계속 안 좋은 생각만 하고 다운돼 있으면 나을 것도 안 낫는다. 현관에서 좀 뛰고 우리 와이프, 아프단 소리 안 한다.

방송에 많이 나오더라. 암이나 희귀병 가진 사람들이 꿋꿋하고 담담하게 자기 병 극복하는 거. 문제는 의지다. 의지가 약한 거야. 가만 보면 사람들이 힘든 일을 안 해봐서 아픈 걸 더 못 참는 거 같다.

난 아파도 아프단 소리 안 한다. 집에서는 더 안 하고. 얘기하면
뭐해. 참고 있다 보면 그냥 낫는데. 병이 왜 오나. 나이를 먹으니까
오는 거다. 오면 받아들여야지. 자기가 이기려고 해야 하고. 아프
고 계속 걱정만 하고 아픈 소리하면 내내 그러고 사는 거다. 얼마
나 답답한 일이야.

시장에서 채소 팔고 생선 파는 노인네들, 뼈가 시린 날씨에 김치
만 가지고 밥 먹으면서 장사하는데 안 아플 것 같나? 여기저기 다
아플 거다. 관절도 아프고 허리도 아프고 여기저기 쑤시고 안 아픈
데가 없지. 그래도 군소리 않고 매일 장사한다. 그분들은 그게 당
연한 거다. 아픈 게 몸에 배어 있는 거라고. 조금 아프다고 드러눕
고 그러는 거, 당신에게 서운한 말일 테지만 등 따시고 배불러서
그런 거다. 편하게만 살아서 아픈 걸 못 이기는 거지.

당신이 지금 얼마나 아픈지 모르지만 생각을 바꿨으면 좋겠다.
이 정도? 충분히 이겨낼 수 있어. 이렇게 생각하라고. 왜 아플까, 남
편은 또 왜 무심할까, 이런 생각 때문에 더 안 낫는 거다.

아이들의 미래를 위해 강남으로 이사 갈까 고민 중입니다

Question 53

경기도 신도시에 사는 초등학생 5학년 아이를 둔 아버지입니다. 흔히들 대한민국에서 성공하려면 강남으로 가야 한다고 말하는데요. 제 경우 어린 시절 달동네에 살며 그만그만한 사람들끼리 모여 살아서 그런지 몰라도 친구들 중에 잘 된 녀석이 거의 없거든요. 그나마 평범하게 사는 제가 잘 된 축에 속해서 돈 꾸러 오는 친구들만 몇 있습니다. 그러다 보니 제 아이들에게만은 최고의 교육 환경과 수준 높은 친구들을 사귈 수 있는 강남에서 살게 해주고 싶은데요. 막상 집을 옮기려고 보니 돈이 너무 많이 들어서 고민되네요. 그래도 애들의 미래를 위해선 강남에서 살아야 할까요?

강남을 보내든 유학을 보내든 중심을 잡아라

솔직히 말하자면 나는 강남에 대한 환멸이 있었다. 강남이 싫었다. 나는 구로에서 자란 놈이고 의리나 사람의 정 같은 걸 느끼고 자란 놈인데, 연예인 돼서 강남에 가니까 애들이 하나같이 정이 없는 거다. 소주잔 기울이면서 속 까놓고 얘기하고 그런 정을 못 느끼겠더라고. 아주 개인주의적이고. 술도 비싼 거 마시는데 100만 원 계산 나오면 너 50, 나 50, 이런 게 너무 싫더라. 강남 애들이 다 그렇더라니까.

근데 생각해보면 나한테 콤플렉스가 있었던 것 같기도 하다. 내가 연예인이지만 걔들보다 못 살고, 나름 멋있는 놈이라고 자부하는데 왠지 주눅 들고, 걔들보다 멋있게 행동하지 못하는 거 같더라고. 천만다행 좋은 사람 만나서 강남 환멸이 좀 사라지긴 했다. 갑부 아들을 하나 만났는데, 얘가 너무 잘 큰 거다. 인간적으로 정말 멋있는 놈이었다. 어떻게 교육을 받았는지 완전 젠틀하고 상대방 배려할 줄 알고, 같은 남자지만 반하게 되더라. 아, 강남 애들이라고 다 밥맛 없는 건 아니구나 싶었다.

시간이 흐르면서 이런 생각을 하기도 했다. '큰물에서 놀아야 한다.' 나는 어렸을 때 당시 서울에서 인구밀도 1위를 달리던 구로구 독산2동에서 자랐다. 가난한 서민들 바글바글 모여 사는 동네였는데, 거기 사는 애들 중에 잘 되는 애들이 거의 없는 거다. 그런데 강남 애들 보면 다 잘 되는 거 같거든? 그게 현실이더라. 8학군 8학군, 하는 게 다 이유가 있더라고. 나는 이거 인정해야 한다고 본다. 어쨌든 사실이잖아. 그런데 그걸 시기하고 질투하는 사람들이 있다. 노력이라도 해보면서 그러면 또 모르지. 그것도 아니면서 시기와 질투? 이건 아니다. 그건 열등감이지.

사실 강남에 대한 열등의식, 이런 거 가질 필요 없다. 잘난 사람도 많지만 거기 사는 사람들이라고 다 잘난 거 아니거든. 부모 잘만나 돈은 펑펑 쓰고 다니는데 찌질하고 한심한 인간들도 있더라. 별로 하는 일 없이 필요하면 부모가 10억, 20억 턱턱 내주는 애들. 그런 강남 애들보단 자기 몸 열심히 움직여서 한 달에 88만 원 버는 강북 애들이 천만 배는 낫다. 하지만 좋아 보이는 게 있으면 비슷하게는 돼야겠다, 그런 마음을 가져보라는 거다.

난 사실 우리 애들 좀 크면 강남으로 들어가 볼까, 그런 생각도 한다. 그쪽에서 사업을 시켜 보고 싶어서. 애들한테 그런다. "무조건 사업해라. 남자는 슈퍼마켓을 하더라도 자기 일 하는 게 제일 멋있다." 나는 우리 애들 공부 못 해도 상관없다. 사고 안 치고, 리더십 있고, 사람들을 골고루 다 이해하고, 사람한테 예의 지키고, 이렇게만 자라주면 고맙겠다. 사업하는 데는 공부보다 그런 게 재산이 되니까.

그런데 강남에서 애들 교육 시킨다고 이사해놓고 어마어마한 교육비 감당하느라 부모가 가랑이 찢어지는 집들, 이거 난 이해 못 한다. 사랑이 아니라 허영심 때문에 집안 거덜 내고 허리가 휘어져라 바보처럼 희생하는 거지. 열이면 아홉, 인풋에 비해 아웃풋은 100분의 1도 안 된다. 그게 강남 스타일인가?

그리고 이해 안 가는 거 또 하나 있다. 난 기러기 아빠, 그런 건 정말 이해 못 한다. 아빠가 왜 떨어져 살아야 하나? 기러기 되면서까지 애들 인생 돌봐줘야 해? 그게 아름다운 건가? 난 아니라고 본다. 가족 모두가 하루하루 함께하지 못한다, 그러면 행복도 있을 수 없다. 왜, 뭘 위해서 아들 딸 얼굴도 못 보고 사나. 아이들이 먼저 "아버지, 유학을 꼭 가야겠습니다" 이러면 고민은 해봐야겠지. 하지만 부모가 나서서 "유학 가서 공부해라. 그래야 성공한다" 이건 아닌 것 같다. 자기 애들 성공하길 꿈꾸는 부모님들, 먼저 중심부터 잡길 바란다.

Question 54

또래 친구들 보다 결혼을 일찍 한 관계로 나이 마흔에 중학생 자녀가 있는 학부모입니다. 다음 해에 첫째 애가 고등학교에 올라가는데요. 이제부터라도 학업에 신경 써줄려고 보니 아이 성적이 너무 형편없어서 걱정이네요. 학벌 위주의 사회에서 공부를 못 하면 어떤 어려움을 겪게 될지 뻔히 아는데, 부모 입장에서 그냥 무조건 모른 척 할 수도 없는 노릇이고요. 그래도 대인관계는 좋아서 친구들 사이에서 골목대장 노릇도 하고, 어른들한테 예의 바르고 싹싹 하다는 말도 자주 듣는 편입니다. 현명한 부모가 되고 싶은데 앞으로 아이를 어떻게 인도해야 할까요?

Chan woo' Answer

학창시절 공부 못 했던 놈들 잘만 풀리더라

인생은 성적순이 아니잖아요. 이거 명언이다. 나는 어렸을 때부터 노는 친구가 많았다. 근데 그런 친구들이 잘 놀다 보니 리더십은 있더라. 그런 친구들 인생, 지금 와서 보면 모 아니면 도더라. 절반 정도는 연락을 하며 사는데, 다 자기 사업 잘하고 있다.

어떤 놈은 중소기업 사장 하고 있고 어떤 놈은 보석상 사장이더라. 내가 보기엔 참 희한한 거다. 별거 아닌 것 같은 놈들이 자기 사업 잘하고 있는 거 보면 신기하다고. 뭐 물론 그렇게 놀다가 끝까지 놀게 된, 잘 안 풀린 친구들도 반 정도는 되는 거 같더라. 심지어 어떤 놈은 감방 가서 쉰다는 얘기도 들었으니까.

내가 말하고 싶은 건 뭐냐. 성적보다는 성격이고 성향이 더 중요하다는 거다. 서울대 나와도 평범한 직장생활 하다가 인생 끝나는 사람이 있는가 하면 , 어떤 사람은 그럭저럭 공부하고도 대한민국에 이름 날리고 그러잖은가. 내가 볼 때는 다 성격이고 성향이고 근성이다. 공부를 얼마나 잘하고 못 하고의 문제는 아니라고. 그러니까 당신, 아이에게 공부 DNA가 없다면 너무 애쓰지 마라. 내가 볼 땐 아이의 적성 DNA부터 찾아주는 게 먼저겠다.

정│찬│우│의│혼│잣│말

아들아, 공부는 못 해도 좋다 인간적인 리더십을 가져라

나는 어릴 때부터 자신감 하나는 뛰어났다. 공부는 못 했지만 자신감은 충만했다고. 엄마가 "너 나중에 뭐가 되려고 그러냐" 그러면 '내가 왜? 난 뭘 해도 잘 먹고 살 수 있어', 이런 생각을 했다. 공부 걱정, 대학 걱정, 이런 거 전혀 하지 않았다. 그리고 실제로 고등학교 졸업하면서부터 엄마한테서 돈을 안 받았다.

난 대학 때부터 내가 벌어서 내가 썼다. 막노동을 하든 알바를 하든 내 힘으로 생활을 했다. 이런 게 다 능력이 되는 게, 동기들이랑 같이 뭘 하면 내가 앞장서고 제일 잘하고 그랬다.

나는 지금도 아들놈에게 말한다. 공부하기 싫으면 하지 마라. 대신 공부 잘하는 애들 기분 좋게 잘 부릴 줄 아는 리더십을 가져라. 어디에서 무슨 일을 해도 그 그룹에서 뒤처지는 사람은 되지 마라. 마인드로, 마음으로, 인간적으로. 그리고 웬만하면 얻어먹지 말고 네가 사라. 애들이 7천 원 있고 네가 만 원 있어? 그럼 네가 써라. 이렇게 말한다.

근데 우리 아들이 나랑 닮은 게, 내가 어릴 때부터 친구들한테 뭘 잘 줬는데 우리 아들이 꼭 그런 거다. 내가 휴대폰 협찬을 많이 받아서 집에 굴러다니던 구형 폰이 두 개 있었는데 애가 그걸 친구들에게 준 거다. 내가 물어봤다. 그걸 왜 줬냐, 개들 어떤 애들이냐.

아들 말이, 친구들이 아직 휴대폰이 없대. 집에 돈이 없어서 안 사준대. 휴대폰 개통 안 하고 와이파이만 이용할 수 있대. 그래서 잘 췄다, 그랬다.

난 그런 게 다 아들에게 득이 된다고 생각한다. 받는 사람보다 주는 사람이 더 속이 넓어지고 자신감이 생기거든. 작은 거라도 베풀면 그게 다 그 사람들한테서 인심 얻고 마음을 얻는 거고. 난 그런게 공부 잘하는 것보다 인생에 백 배는 더 필요하다고 확신한다. 내가 다 경험해서 아는 것들이다.

나는 우리 아들과 대화하는 걸 정말 좋아한다. 밤에 잠도 못 자게하고 얘기를 할 때도 있다. 아들도 그거 은근히 좋아한다. '난 네 아버지다' 목에 힘주지 않으니까. 솔직한 아빠, 같은 남자로서 자기를 대해주니까.

어느 날 아들이 슬그머니 나를 부르는 거다. "아빠, 저랑 얘기 좀해요." "뭔 일이냐?" 그랬더니 자기가 자꾸 만화를 보게 되는데 일본 애니를 보는 게 걱정이라는 거다. "야한 거야?" 물었더니 그건아니란다. 일본 만화 보면서 오타쿠가 되는 게 아닌가, 그게 걱정이라는 거다. 내가 그랬다. "네가 오타쿠가 되지 않을까 생각하는 순간 너는 오타쿠가 아니야. 오타쿠는 그런 생각을 못 하거든. 그리고 만화 보는 게 죄냐? 아니잖아. 만화 많이 보다가 스토리텔링 작가가 될 수도 있는 거고. 뭘 고민이야?" 아들 고민 끝! 이 정도면 괜찮은 아빠잖아.

　얼마 전에는 아들하고 새벽까지 얘기를 나눈 적이 있다. 친구 문제로 고민을 하더라고. 자기는 초등학교 친구들하고는 잘 맞는데 중학교 친구들하고는 잘 안 맞는 것 같대. 생각해보니까 그게 정서의 문제더라고. 초등학교 때 친구들은 서민층 애들이 많았다. 근데 지금 중학교 친구들은 상대적으로 부유층 애들인 거다. 코드가 안 맞는다. 내가 그랬지. "네가 알아서 해라. 싫은 건 억지로는 하지 말고. 초딩 친구가 좋으면 걔들 만나. 그 친구들이 평생 갈 수도 있으니까." 그렇잖아. 그게 자기 인연이고 자기 운명인데 그걸 어떻게 조언을 하나.

　한번은 애 엄마가 아들놈한테 잔소리를 하더라. 아들놈이 낮엔 그냥 놀다가 새벽에 공부를 한다는 거다. 다음 날 학교에서 힘들면 어떡하냐고 신경을 엄청 쓰더라고. 근데 원래 새벽에 공부가 잘 되잖아. 창작도 마찬가지고. 내가 집사람한테 뭐라고 했다. "힘들면 쟤가 힘들지 당신이 힘들어? 늦게라도 하는 애를 왜 뭐라고 해. 본인이 한다는데." 알아서 하고 있는데 잔소리를 하면 반항심이 생긴다. 중2면 한창 사춘기잖아. 걔 입장에서는 '공부를 해도 난리야, 낮에 놀았으면 얼마나 놀았다고', 그렇게 생각할 수 있다는 거다.

　난 애들을 자유롭게 놔두는 편이다. 놀 수도 있지 뭐. 낮에 안 되니까 밤에 하는 거 아닌가. 엄마 입장에선 걱정되는 게 당연하겠다. 새벽에 공부한답시고 학교에 가서 졸 수도 있으니까. 새벽 두세 시까지 내가 애 붙잡고 얘기하면 막 재우라고 난리다. 엄마니까. 하지만 애가 싫어하는데 내가 그러겠나? 나랑 대화하는 걸 얼마나 좋아하는데. 그때 아니면 애랑 얘기할 시간도 없다. 중요한 건 시간이 아니라 애가 뭘 좋아하냐다.

　애들 어릴 때 나는 아들딸을 매년 선산에 데려갔다. 명절 한 주 전에 애들 수업을 빼먹고 갔다. 평소 시간이 없고 선산이 너무 멀어서 명절 때는 못 가거든. 수업까지 빼먹고? 이해 못 할 사람들 있겠다. 하지만 학교 수업이 더 중요한가, 조상을 아는 게 더 중요한가. 난 당연히 후자다. 그래서 항상 애들을 데려갔다고. 할아버지 묘, 증조할아버지 묘, 다른 어르신들 묘, 일일이 알려주면서 옛날 얘기 해주고 그랬다. 자기 뿌리를 모르고 인간의 관계나 역사를 모르면서 공부만 잘하면 뭐하나. 나는 공부는 못 해도 자기 위아래 관계나 인간의 관계를 아는 게 훨씬 낫다고 생각한다. 그런 걸 아는 게 더 큰 공부라고. 누가 뭐래도 내 교육법은 그렇다.

아이가
학교에서 왕따를
당하고 있어요.
나서야 할까요?

Question 55

아이가 학교에서 왕따를 당하고 있어요. 나서야 할까요?

초등학생 아이를 둔 엄마입니다. 어느 날부터 아이 표정이 우울하다 느꼈는데 며칠 전에는 입술이 찢어져서 집에 들어왔더군요. 이건 아니다 싶어 아이를 붙잡고 "어찌된 일이냐? 왜 다쳤냐?" 다그쳐 물으니 울면서 학교에서 왕따를 당하고 있다고 고백하더군요. 전후사정을 들어 보니 반 친구 한 명과 작은 말다툼으로 시작한 일이 커져서 반 친구들 전체가 왕따를 시키는 분위기인 거 같더라고요. 평소 극성인 엄마가 되고 싶지 않아서 아이들 일에는 잘 나서지 않는 편이었는데요. 그래도 그렇지 이건 잘못 놔뒀다가 상상하기도 싫은 끔찍한 일이 벌어지진 않을까 걱정이 되네요. 부모로서 뭐라도 해야 할 것 같은데, 어떻게 해야 할까요?

Chan woo' Answer

순서 밟고, 그대로 안 되면 나는 직접 싸울 거다

내 아이가 맞고 다닌다? 나라면 그놈들한테 가서 말하겠다. "니들, 내 아들 건드리면 힘들어진다." 깡패들한테 맞고 다니는 거, 왕따 당하는 거, 이런 건 부모가 책임지고 적극적으로 막아줘야 한다. 절대로 아이에게 스스로 해결하라고 해선 안 될 문제다. 아이 혼자 해결할 수 있는 문제가 아니거든. 집단과 개인의 싸움이니까. 폭력이나 왕따, 그런 거 한 번 시작되면 걷잡을 수 없다.

물론 애 마음 살피고 전후 사정부터 파악할 거다. 무대포로 학교 찾아가 "교장 나와!" 이러는 건 깡패나 정신 나간 놈들이 할 짓이고. 보험사에서 보험 처리하듯 다각적으로 진단 들어가야 한다. 그래야 정확하게 문제가 나온다. 세상에 어느 한쪽에서만 백 퍼센트 일방적으로 잘못하는 일은 없다.

우선 아이 말부터 들어보는 거다. 뭐 잘못한 건 없는지, 어디서 문제가 시작됐는지. 애가 잘못한 게 있으면 분명히 그걸 짚어줘야지. 내 새끼라도 원인 제공자니까. 친구들한테 얍삽하게 보였다거나 찌질하게 굴었다거나 사회성 없이 놀았다거나. 그런 거는 애한테 문제점을 충분히 알려줘야 한다고.

자기 애 말을 다 들은 다음엔 학교 선생님, 친구들, 때린 놈들을 차례차례 만나봐야 한다. 만약 선생님 잘못이 있다면 난 선생님하고도 싸울 거다. 학교 소문 안 좋게 날까 봐 폭력 문제 쉬쉬하는 학교들 많다고 들었다. 근데 학교 이미지 때문에 애를 만신창이로 만들어? 말도 안 되는 일이지. 다 만나보고 '이거 안 될 것 같다' 싶으면 교육청이나 경찰에 도움을 요청하든지, 극단의 조치라도 취해야 한다. 확실히 해결 못 했다간 한 아이 인생이 일찌감치 작살날 수도 있으니까. 무서운 일이라고.

근데 세상이 왜 이러나. 애들까지 폭력에 시달리고. 이게 개인 문제가 아니라 사회 문제잖아. 분명히 사회 전반 시스템이 잘못 돌아가고 있는 거다. 어른들 반성해야 한다.

Question 56

아이가 너무 겁이 많고 내성적이라 걱정입니다. 이제 초등학교 2학년에 올라간 여자아이인데요, 얼마 전 학교 공개 수업에 참석해서 보니 선생님이 아는 문제를 물어봐도 얼굴이 빨개지면서 제대로 답을 못하더라고요. 또래들과 노는 걸 지켜봐도 다른 아이들보다 눈치를 많이 살피는 거 같고 작은 일에도 두려움을 많이 느낍니다. 이러다 대인관계에 문제가 생기는 건 아닌지 염려스러운데요. 엄마 입장에선 아이가 밝고 명랑했으면 하는데 어떻게 해야 아이가 활발해질 수 있을까요?

Chan woo' Answer

부모가 달라져야 고친다

　답을 알려줄까. 아이 성격 고치려면 부모부터 달라져야 한다. 내가 이걸 확실히 느낀 적이 있는데, 성우 송도순 씨 얘기를 듣고부터다. 송도순 씨가 똑 부러지고 말도 잘하고 친화력도 있고 활달한 분 같잖아. 근데 원래 성격 자체는 굉장히 내성적이었다더라. 이걸 아버지가 아주 좋은 쪽으로 바꿔놓으셨더라고.

　송도순 씨가 옛날에는 자기가 굉장히 예쁜 줄 알았단다. 아버지가 마흔다섯에 낳은 늦둥이 딸인데, 위로 오빠들만 있어서 완전히 예쁨만 받고 자란 거다. 예쁘다 예쁘다, 잘한다 잘한다, 만날 그런 소리만 들으면서 큰 거지. 대학 갈 때까지 자기가 진짜 진짜 예쁜 줄 알았다고 하더라. 그래서 영화배우를 할 수 있겠다, 생각하고 중앙대학교 연극영화과에 갔다는 거야. 근데 막상 가보니 세상에 예쁜 애들은 다 모아놓은 것 같아 질리더라는 거지. 자기는 삐쩍 마르기만 하고 키만 컸지 볼품이 없는 것 같고.

　그런데 집에 가서 학교 얘길 하면 아버지가 자신 있게 말씀하셨다는 거다. "우리 도순이는 특별한 애야. 넌 잘할 수 있어." 볼 때마다 항상 그런 말을 해주시고 용기를 북돋아주셨단다. 송도순 씨가 아버지 얘길 그렇게 많이 하는데, 들을 때마다 느끼는 게 '참 훌륭한 분이다', 정말 그런 생각이 들더라. 아버지에 대한 좋은 기억들이 많더라고. "저 하늘에 별을 봐봐. 저기 제일 빛나는 별 있지? 네가 그런 사람이야." 이런 말을 아버지가 해주셨다니까. 아버지에 대한 추억이 나만큼이나 많은 것 같더라. 송도순 씨 아버지 얘길 들으면 '그래, 사람은 부모가 만들어주는 게 많구나', 싶어진다.

부모가 집에서 싸우고 찌들어 있는 모습만 보여주면 자식들까지 그렇다. 밝은 사람을 보면 덩달아 기분이 좋아지지만 어두운 사람이랑 같이 있으면 똑같이 어두워지거든. 그게 부모일 땐 영향이 더 크다. 물론 어떤 사람들은 어둠 속에서 또 다른 걸 창조하기도 한다. 나 같은 경우가 그랬다. 환경이 어두워서 그걸 이겨내려고 더 밝은 모습을 만든 거지. 하지만 대체로 보면 어두운 환경에 있는 애들은 밝게 크기가 어렵다.

당신 아이가 내성적이라면 일단 집안 분위기를 활기차게 만들어라. 그리고 아이가 활발해질 수 있도록 틈날 때마다 부추겨라. 잘한다, 잘한다, 잘할 수 있어, 잘할 수 있어, 해주라고. 밖에서 자신 있게 자기를 표현하려면 안에서부터 그걸 할 수 있게 해야 한다니까. 남자는 여자 하기 나름이고, 아이는 부모 하기 나름이거든.

정|찬|우|의|혼|잣|말
아 버 지 는 해 결 사

　　고3 때 첫사랑이 있었다.(너무 늦었나?) 그런데 하루는 그 여자애
가 가출을 한 거다. 요즘엔 애들이 뻑하면 가출하지만 그땐 가출이
면 큰 사건이었다. 게다가 여자애가? 말도 안 되는 일이었다. 한데
내 첫사랑은 그럴 수밖에 없는 이유가 있었다. 내가 보기에도 얘가
집에 붙어 있기가 힘든 거다. 오빠가 얘를 잡더라고. 막 때리고. 밤
10시에 들어가도 왜 늦게 들어오냐 욕을 하면서 때렸다. 친오빠가
그랬다.

　　하여튼 얘를 집으로 들여보내야 하는데 내 능력으로는 안 되는
거다. 여자애가 너무 완강해서 어떻게 할 수가 없더라고. 오빠한테
맞는 게 너무 무섭고 싫은 거라.

　　내가 이걸 아버지한테 말했다. SOS를 친 거지. 저녁에 안방에 들
어가 그랬다. "아버지한테 드릴 말씀이 있습니다." 정말 남자로서
아버지한테만 얘기하고 싶었다. 내 딴엔 심각한 고민이었으니까.
엄마한테는 말해봐야 안 통할 소리고. 아버지가 엄마한테 "당신 나
가 좀 있어" 그러더라. 이놈이 뭔가 털어놓을 일이 있구나, 싶으셨
던 거다. 안방에 마주앉아 둘이 얘기했다. "아버지, 솔직히 말씀드
리는데 여자친구가 가출을 했습니다, 상황이 이러저러하니 아버지
가 걔를 좀 들여보내 주세요." 아버지는 딴 말 없이 딱 한마디만 했

다. "알았다." 우리 아버지가 그런 사람이었다.

　그러고 나서 일은 한 큐에 해결됐다. 아버지가 여자애네 부모님을 소집해 브리핑을 한 거다. 지금 이러이러한 상황인 것 같은데, 우리가 얘들 건전하게 교제할 수 있도록 해주자, 만약 우리 아들이 실수라도 하면 내가 책임지겠다, 댁의 딸이 이러이러한 이유 때문에 가출을 한 거다, 그럴 수도 있다고 생각한다, 아들과 얘기를 잘 해봐야 할 것 같다. 요지는 그거였다. 그리고 바로 여자애를 집으로 들여보냈다. 딱 그거로 해결된 거다.

　우리 아버지가 그렇게 생각이 트이고 마음이 열린 분이셨다. 내가 어떻게 그런 아버지를 안 좋아할 수 있겠나. 아버지와 아들이 남자 대 남자로 그렇게 얘기가 통했으니 난 참 행복한 놈이었던 것 같다.

Question 57

중학생 아들 녀석이 하나 있는데요. 누굴 닮았는지 정말 무뚝뚝합니다. 물론 저도 집에서 그렇게 말 많은 편은 아닙니다. 아내한테 살갑게 대하지도 못하고요. 그래도 아이들하고는 많이 놀아주려고 엄청 노력하는 편이거든요. 근데 이 자식이 아빠가 뭘 물어도 그냥 시큰둥한 표정으로 귀찮다는 듯 게임만 하네요. 내 대화법이 틀린 건가 싶어 자녀 교육서도 읽어 보고 그랬는데 노력에 비해 별로 나아진 게 없습니다. 아들과 잘 소통하는 아빠가 되고 싶은데 좋은 방법 없을까요?

Chan woo' Answer

남자 대 남자로 소통해보라

얼마 전 아들하고 술을 한잔 했다. 아들이 중학교 2학년이니까
너무 이른가? 소주를 다섯 잔 줬는데 제법 하더라고. 나는 고2 때
아버지가 주는 술을 받아 마셨는데, 내 아들한테는 중2 때 주려고
마음먹었다. 요즘 애들은 빠르니까. 아들이 키가 176센티미터에
몸무게가 75킬로그램. 몸만 보면 완전히 성인이다. 술 먹어도 될
거 같더라고. 이놈이 술 받아먹더니 기분이 좋은가 봐. 다음 날 또
생각난대. 그래서 또 준다고 했다.

아들이 너무 어린 거 아니냐고? 건강에 해롭지 않겠냐고? 내가
죽을 만큼 먹이는 것도 아니고, 덩치가 그만 한 놈이 소주 한 병 먹
는다고 어떻게 될까. 이놈이 술이 세더라니까. 기분이 좋다잖아. 좀
크면 잘 마실 것 같다.

아들한테 술을 준 건 얘가 내 아들이었으면 해서, 내 느낌이었으
면 해서였다. 아빠의 마음이 그렇더라고. 남자 대 남자로 아들과
함께하고 싶은 마음, 그런 걸 전해주고 싶더라. 같은 남자로서 소
통하고 싶은 거지.

술버릇 가르치려고 아들한테 술을 준 건 아니다. 가르친다고 그
대로 할 것 같지? 아니다. 개 될 애는 개가 된다고. 타고난 본성이
더 크다는 말이다. 물론 어른들하고 마실 땐 이렇게 마시는 거다,
얘기는 해주지. 아빠랑 술 마신 경험이 있으면 나가서 친구들하고

술 마실 때 더 멋있게 먹을 걸?

　나는 내 방식이 잘못됐다고 생각지 않는다. 각자만의 교육 방식
이 있잖아. 그렇다고 애가 어디 가서 술 마시고 실수를 하거나 이
상한 짓을 하는 게 아니라 집에서 아빠하고 예쁘게 마시는 건데.
엄마가 딸하고 친구처럼 얘기하고 쇼핑 다니고 그런 거 보기 좋더
라. 아빠도 아들하고 친구처럼 술 한잔 하고 그러면서 마음 나누는
거, 좋잖아. 난 그게 부자간 최고의 소통법이라고 생각한다.

기꺼이 파란만장하시라

1판 1쇄 발행 2013년 6월 17일
1판 6쇄 발행 2013년 8월 25일

지은이 정찬우
펴낸이 고영수
펴낸곳 청림출판
출판등록 제406-2006-00060호
주소 135-816 서울시 강남구 도산대로 남25길 11번지(논현동 63번지)
    413-756 경기도 파주시 교하읍 문발리 파주출판도시 518-6 청림아트스페이스
전화 02) 546-4341 팩스 02) 546-8053
홈페이지 www.chungrim.com
전자우편 cr1@chungrim.com

ISBN 978-89-352-0971-2 (03320)